別冊税務弘報

税理士のための
事業承継
フローチャート

公認会計士・税理士
石毛章浩［著］

中央経済社

はじめに

　本書執筆のきっかけは，平成30年度税制改正における，いわゆる事業承継税制の抜本的拡充である。本改正をきっかけに，「事業承継税制とは何ですか？」「事業承継税制はうちに適用できますか？」という相談が増加し，事業承継の現場では，まさに「事業承継税制ブーム」が起きているといっても過言ではない。書籍や専門誌においても，事業承継税制に関する記事などであふれている。

　しかし，多くの相談に共通している点がある。それは，事業承継税制を適用すれば事業承継をすべて解決できるように錯覚している点である。この錯覚の原因は，事業承継というものが"もやっ"としたものであり，その全体像において，どの部分に事業承継税制が位置づけられているかを整理できていないためであろうと筆者は考えている。本来，事業承継税制は事業承継全体における枝葉にすぎず，検討を進めるにあたっては，全体像を俯瞰した上で，各フェーズにおける最適解を選択することが重要であろう。

　そのような問題意識のもと，中央経済社の秋山宗一氏，川上哲也氏と書籍の企画について話している中で，例えば海外旅行を初めて計画するときに，誰もがまずは手に取るであろう有名書籍のように，事業承継においても，誰でもわかる地図・ガイドブックのようなものは作れないかという話になり，本書を執筆することになった。

　「事業承継の歩き方」というにはおこがましいが，筆者が実務において事業承継を検討する上でのポイントを極力簡単な言葉で整理し，それを系統図として示した。本書が，事業承継を検討する際のガイドブックの一つとして，社会に役立つことを願っている。

　最後に，本書の発刊にあたって，中央経済社の秋山氏，川上氏をはじめ，多くの方にご支援を賜りましたことについて，深く感謝を申し上げたい。

2019年4月吉日

石　毛　章　浩

【本書の構成】

　本書は，非上場企業を前提に，「フローチャート全体像」に従って事業承継の手順を整理した。

　要点は次のとおりである。

> ・　経営者が事業承継を円滑に行うために検討すべきポイントを，フローチャート全体像として整理した。
> ・　フローチャート全体像における各論についてさらにフローを分岐させ，留意点などを整理した。

　フローチャート全体像はマップとしての機能を果たすため，道に迷った場合にはこの全体像に戻って立ち位置を確認することができる。

　なお，本書は，初めて事業承継を検討する読者を対象とし，事業承継に関する基本的な事項や実務上問題となりうる事項を中心に説明した。そのため，用語の正確な定義や条文の解釈などは検討の対象にせず，極力わかりやすい言葉で事業承継の全体像と各論を説明し，整理することを目的としている。したがって，実際に事業承継を検討するにあたっては，用語の正確な定義や条文の解釈などについて，関連する法律や規則などの詳細な理解が求められるため，留意されたい。

　また，本書で整理したフローチャートは，筆者が実務において事業承継を検討する際の思考を図式化したものである。したがって，このフローチャートがすべてのケースに適用できるとは限らない。本書を読み終えた後に，読者の皆様がこのフローチャートをブラッシュアップし，又は修正を加えて，よりよい事業承継の体系図を作成し，実務において，多くの事業承継を成功に導くことができれば，望外の喜びである。

　最後に，本書において，非上場企業の株式のうち，会社と関係のある者（役員，その親族，従業員など）が取引する場合の当該株式を「自社株」として取り扱い，現経営者が自社株の過半数を保有していることを説明の前提とする。

■フローチャート全体像

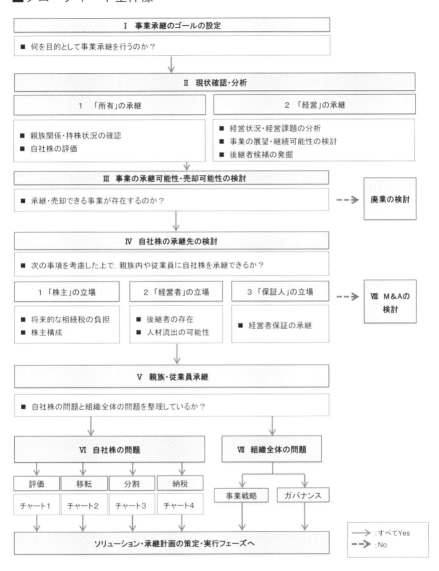

目　　次

Ⅰ　事業承継のゴールの設定————————————11

　　1　ゴール設定の重要性／12

Ⅱ　現状確認・分析————————————————15

　　1　「所有」と「経営」の承継／16

　　2　所有の承継／18

　　　⑴　親族関係・持株状況の確認／18

　　　⑵　自社株の評価／19

　　3　経営の承継／19

　　　⑴　経営状況・経営課題の分析／19

　　　　①　決算書の理解・20

　　　　②　決算書の分析・20

　　　　③　事業戦略の検討・21

　　　⑵　会社組織・ガバナンスが強固であるか？／22

Ⅲ　事業の承継可能性・売却可能性の検討————25

　　1　承継・売却できる事業が存在するのか？／26

　　2　事業再生の手続／27

　　3　廃業の検討／29

　　　⑴　廃業という選択／29

　　　⑵　廃業の手続／29

Ⅳ 自社株の承継先の検討 ——————————— 31

  1 承継先の分類／32

  2 承継先を決める際の判断基準／33

   (1) 株主の立場／34

   (2) 経営者の立場／35

   (3) 保証人の立場／35

Ⅴ 親族・従業員承継 ————————————— 39

  1 自社株の問題と組織全体の問題／40

   (1) 自社株の問題／40

   (2) 組織全体の問題／40

Ⅵ 自社株の問題 ——————————————— 43

  1 自社株の評価／44

   (1) 自社株の評価／45

    ① 経営者から，親族・従業員などの個人への贈与・譲渡・47

    ② 経営者から，親族・従業員が支配している会社への譲渡・47

   (2) 相続税法上の時価／48

    ① 株主の態様ごとの評価方式・48

    ② 会社規模ごとの評価方式（原則的評価方式）・50

   (3) 所得税法上の時価／50

   (4) 法人税法上の時価／52

   (5) 株価の要因分析／52

    ① 類似業種比準価額・53

    ② 類似業種比準価額の分析・53

    ③ 純資産価額の分析・54

目　次　　7

 ⑹　対策の選定／55

  ①　個別的アプローチ・55

  ②　総合的アプローチ・56

2　自社株の移転／62

 ⑴　移転のフローチャート／63

 ⑵　贈与による承継／63

 ⑶　納税猶予フローチャート／65

  ①　納税猶予フローチャートの全体像・65

  ②　フローチャート各論・66

  ③　小　括・72

 ⑷　譲渡による承継／72

  ①　個人への譲渡・72

  ②　法人への譲渡・72

  ③　従業員持株会への譲渡・75

 ⑸　社団・財団法人への寄附／76

  ①　社団法人・財団法人・76

  ②　寄附に係る課税関係・77

 ⑹　相続による承継／77

  ①　相続税の納税猶予の適用・77

  ②　公益法人等への相続財産の贈与・78

3　自社株の分割（分け方）／80

 ⑴　集約化と安定株主の確保／81

 ⑵　後継者への議決権の集中／82

  ①　議決権の重要性・82

  ②　後継者への承継・83

  ③　遺留分の問題・88

⑶　安定株主への承継／91

　①　社団法人・財団法人，従業員持株会・91

　②　中小企業投資育成株式会社・91

４　自社株の移転に係る納税／93

⑴　納税資金準備の重要性／94

⑵　金銭による納税／95

　①　他の流動性資産の贈与・95

　②　自己株買い（発行会社への譲渡）・96

　③　保険金と死亡退職金の活用・96

⑶　その他の方法／97

　①　延　納・97

　②　物　納・97

Ⅶ　組織全体の問題 ——————————————99

１　組織全体から検討する事業戦略とガバナンス／100

２　いかにして将来稼ぐ会社になるのか？（攻めの経営）／102

⑴　選択と集中／102

⑵　事業の展望・持続可能性の検討及び戦略の立案／102

３　会社組織・ガバナンスが強固であるか？（守りの経営）／105

⑴　機関設計の見直し／106

⑵　定款の見直し／106

　①　株式譲渡制限の定め（非公開会社であること）・106

　②　株式売渡請求の定め・107

⑶　安定株主の確保／110

⑷　自社株の集約／111

Ⅷ　M&A の検討―――――――――――――――――113

1　M&A 検討におけるポイント・留意事項（概論）／114

(1)　STEP0：フローチャート（全体像）の検討／114

(2)　STEP1-1：社内管理の見直し／115

(3)　STEP1-2：FA（フィナンシャル・アドバイザー）との交渉／117

　①　譲渡条件の決定・117

　②　譲渡価格の決定・118

(4)　STEP2：買い手との面談及び基本合意／120

(5)　STEP3：買い手による買収調査／120

(6)　STEP4：最終契約締結（クロージング）／121

(7)　STEP5：経営の引継ぎ／121

参　考

(1)　事業承継ネットワーク／123

(2)　事業引継ぎ支援センター／123

(3)　事業承継補助金／123

(4)　経営力向上計画制度の改正／124

(5)　日本税理士会連合会によるマッチングサイトの開設／124

コラム

内部統制と非上場企業／24

自社株の価値・専門家の価値／61

M&A と仲人／122

＜凡例＞

＜法令等＞

所法……………………………………………………所得税法

所令……………………………………………………所得税法施行令

法法……………………………………………………法人税法

相法……………………………………………………相続税法

相令……………………………………………………相続税法施行令

措法……………………………………………………租税特別措置法

措令……………………………………………………租税特別措置法施行令

措規……………………………………………………租税特別措置法施行規則

所基通…………………………………………………所得税基本通達

法基通…………………………………………………法人税基本通達

相基通…………………………………………………相続税法基本通達

評基通…………………………………………………財産評価基本通達

＜表示例＞

法法22③一……………………………………法人税法第22条第 3 項第 1 号

Ⅰ 事業承継のゴールの設定

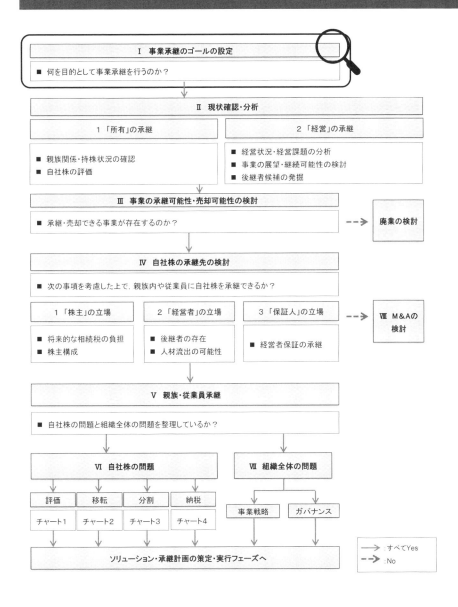

【ここがポイント！】
■ 何よりも，まずはゴールを設定することが重要です！

1 ゴール設定の重要性

　事業承継の検討を始める上で最も重要なことは何か。それは，事業承継をする者とされる者，そして利害関係者が達成したいゴール（目標）を設定することである。

　多くの解説書において，最初に現状分析をすることの重要性が述べられている。しかし，その前提として事業承継のゴールを設定しないと，何のために現状分析を行うのか，何が課題であるのかという点が不明確になり，"道に迷う"可能性が高い。換言すると，最初に的確なゴールを設定することで，その後の現状分析や，現状分析を通した課題・ソリューションへの落とし込みが，より実効性の高いものになると思われる。

　事業承継のゴールを設定する際には，まずは具体的に考えるよりも，希望的な観測も含めて，漠然と考えることが重要である。その上で，漠然とした思いを，さまざまな視点（個人，会社，利害関係者の視点など）からカテゴライズし，より深めていく中で，無駄なく，漏れなく，その後の事業承継対策を検討することができると思われる。本章では，会社と経営者の側面から，ゴールをいくつか記載した（図表 1）。

【図表1】事業承継のゴールの設定

```
┌─────────────────────────────────────────────┐
│     Ⅰ  事業承継のゴールの設定                  │
├─────────────────────────────────────────────┤
│  ■ 何を目的として事業承継を行うのか？           │
└─────────────────────────────────────────────┘
                      ▼
┌─────────────────────────────────────────────┐
│                ゴールの具体化                  │
└─────────────────────────────────────────────┘
```

会社の側面	経営者の側面
■ 会社を100年継続してほしい。 ■ 従業員の離職率が低くあってほしい。 ■ 今後,事業の選択と集中を推し進め,時代に沿った事業を展開してほしい。 ■ 売上よりも利益率を重視する会社を目指してほしい。 ■ 事業の将来性を考えると,廃業して自分の代で会社を解散したい。 ■ ガバナンスを強固なものにしてほしい。 ■ …	■ 後継者に過度な負担のないように会社と自社株を承継したい。 ■ 外部も含めて,より優秀な後継者に会社を継いでほしい。 ■ 会社や自社株を売却して,その売却資金で新たな事業をスタートしたい。 ■ 長年にわたって会社経営を頑張ってきたのだから,退職金をある程度もらって,老後をゆっくり過ごしたい。 ■ …

　なお,事業承継を検討し,その対策案を実行していく中で,ゴールは絶えず変化するものである。そのため,ゴールの設定は,事業承継の検討のスタート段階のみではなく,常に反復・継続して行うことになる。そして,新たに設定したゴールを実現するための課題を明確化し,そのソリューションを検討することを繰り返し行い,事業承継対策をブラッシュアップしていくことが重要である。

チェックポイント

- ☐ 事業承継の検討を始めるにあたって,最初にゴールを設定したか？
- ☐ ゴールを設定するにあたって,さまざまな側面から多角的に検討したか？
- ☐ ゴールの設定は,反復・継続して行う必要があることを理解したか？

Ⅱ 現状確認・分析

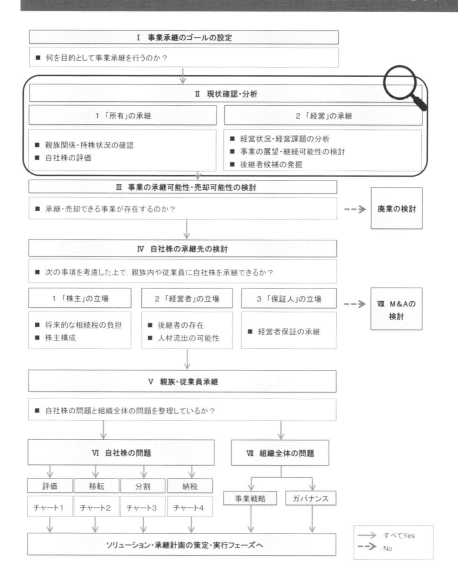

【ここがポイント！】
■ 事業承継とは「所有」と「経営」の承継です。その2つを軸に現状分析を行うことで，精度の高い分析が可能になります！

1 「所有」と「経営」の承継

「Ⅰ 事業承継のゴールの設定」において，事業承継のゴールを設定した後，現状分析という次のステップに入る。

ここで，どのようにして現状分析を行うのかという点が問題になるが，それは会社及び経営者を取り巻く状況によって千差万別である。

しかし，一般的に事業承継とは何か，という視点からシンプルに考えると，現状確認・分析のポイントを押さえることができると思われる。

すなわち，事業承継という用語を定義するためにはさまざまな切り口，考え方があるが[1]，事業承継を検討する上で大きなポイントは2つある。それは，「所有（自社株）の承継」と「経営の承継」である。

「所有と経営の分離」は株式会社の特徴であるが，上場企業は別として，非上場企業においては，経営者（ファミリー）の強力なリーダーシップのもと，所有と経営が一致した状態で，事業を行うことが大半であると思われる。実際，会社法は非公開会社（大半の中小企業）に対して，所有と経営の一致を禁止し

---

1 事業承継ガイドライン（中小企業庁，2016年12月）においては，事業承継とは「事業」そのものを「承継」する取組みであり，その構成要素を「人（経営）」「資産」「知的資産（目に見えにくい経営資源・強み）」に分類している（17頁）。

ていない[2]。

　そして，経営者の強力なリーダーシップや独創性に基づくトップダウン型の意思決定及びそれを可能にする議決権の支配などが中小企業の競争源泉であることが少なくない。それゆえ，事業承継においても，「所有」と「経営」の承継，すなわち「自社株」と「経営」の承継が最も重要であるといえ，その2つを軸にして現状分析を行うことが有用であろう。

　所有と経営の視点から，現状確認・分析を行うと，例えば，**図表2**のように確認・分析対象とするポイントを考えることができる。

【図表2】現状確認・分析

---

[2] 会社法331条2項において「株式会社は，取締役が株主でなければならない旨を定款で定めることができない。ただし，公開会社でない株式会社においては，この限りではない」とされている。

2 所有の承継

(1) 親族関係・持株状況の確認

　所有，すなわち自社株の状況を検討するにあたり，最初に行うことは親族関係及び持株状況の一覧化（**図表3**）である。親族関係や持株状況を一覧化することで，安定株主・敵対的株主の有無や名義株[3]の存在，さらに自社株の承継にあたっての課税関係の整理などを漏れなく，正確に行うことができる。

【図表3】親族関係・持株状況図の一例

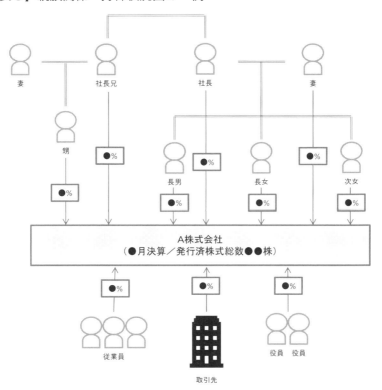

株主名簿を整備していない中小企業は少なくないと思われるため，法人税申告書の別表二などを活用して，図表3のように親族関係・持株状況を整理することになる。また，経営者にとっての敵対的な株主の有無や名義株の有無など，実態に沿ったかたちで関係図を整理することで，その後の事業承継対策における論点がより明確になるものと思われる。

(2) 自社株の評価

現状分析において自社株の税務上の評価を行い，評価に影響を与えている要因を分析することが，その後の自社株対策を立てる上での大前提となる。この点については「Ⅵ 自社株の問題」で整理する。

3 経営の承継

(1) 経営状況・経営課題の分析

経営の承継を検討する上で，まずは自社の経営状況・経営課題を分析することが重要である。

決算書を使った現状確認・分析は，例えば**図表4**のように実施する。その上

【図表4】決算書の理解・分析・活用

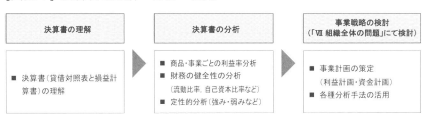

---
3 名義株か否かに関する判定は，出資したことを証明する書類の有無や配当金の受領実績など，さまざまな点から総合的に判断される（東京地裁昭和57年3月30日判決・判タ471号220頁）。

で，後継者とともに，定量的分析の結果をもとに定性的分析（SWOT 分析など）を行って，今後の事業計画を検討することになる（「Ⅶ　組織全体の問題」で改めて整理する。）。

① 決算書の理解

　決算書を理解する上で，まずは貸借対照表と損益計算書の理解が重要である。

　多くの中小企業は顧問税理士に記帳や決算書の作成を依頼していると思われるが，まず，経営者自身が過去の決算書を分析して，現在の経営状況について再認識する必要がある。ただし，筆者の経験上，中小企業の経営者が決算書の見方やそれに基づく定量分析について詳しいというケースは，多くはないと思われる。この場合，自社の決算書の見方や重要なポイント（利益率分析や固定費・変動費分析，損益分岐点分析など）について，顧問税理士がレクチャーをしながら検討を進めることは有意義であろう[4]。

② 決算書の分析

　次に決算書の分析についてであるが，その基本的な考え方は次の３点である。

- 時期による比較分析（前期比較，月次推移分析など）
- 経営指標を活用した同業他社との比較による分析
- 理論値との比較による分析

　特に，経営指標ごとの同業他社分析は有用である。かつて，多くの企業は売上規模の拡大を追求していたと思われるが，近年では，いかに少ない資産で効率的に利益率を高めることができるかという点が重要とされている（いわゆる，ROE 経営である。）。その際に，利益率分析や回転期間分析を行うが，他社あるいは同業種平均との比較により，売上，利益，資産（資本）のどの部分を改

4　地域の商工会議所や中小企業大学校などで決算書の読み方に関するセミナーや勉強会が開催されていることがあるため，そのような機会を利用することも有意義である。

善させるべきなのかが明確になる。なお，顧問税理士が業種ごとの指標データを持っている場合，そのデータをもとに経営者とディスカッションすることで，経営者はより深いレベルで自社の分析を行うことができるであろう。

　また，理論値との比較による分析とは，財務分析において理論的にあるべき数値と実績値とを比較することである。例えば，流動比率（流動資産／流動負債）のあるべき理論値は，200％であるといわれている。そのような理論値と実績値を比較し，その乖離を埋めるための方策を検討することで多くの気づきを得ることができる。

③　事業戦略の検討

　決算書を理解し，分析した後に，その結果を活用してどのように事業戦略を検討するのかという問題がある。この点は，「Ⅶ　組織全体の問題」における事業戦略で検討する。

　なお，事業承継ガイドラインにおいて，経営状況を分析するための主な取組みの事例が示されているため，参考までに記載する[5]。

会社の経営状況の見える化に資する主な取組み

・　経営者所有の不動産で，事業に利用しているものの有無，当該不動産に対する会社借入に係る担保設定，経営者と会社間の貸借関係，経営者保証の有無等，会社と個人の関係の明確化を図る。

・　「中小企業の会計に関する指針」や「中小企業の会計に関する基本要領」等を活用した適正な決算処理が行われているかを点検する。

・　保有する自社株式の数を確認するとともに株価評価を行う。

・　商品毎の月次の売上・費用（部門別損益）の分析を通じた自社の稼ぎ頭商品の把握や，製造工程毎の不良品の発生状況の調査を通じた製造ラインの課題の把握，在庫の売れ筋・不良の把握や鑑定評価の実施等を行い，適切な「磨き上げ」に繋げる。

5　前掲注1　22頁。

- 「事業価値を高める経営レポート」や「知的資産経営報告書」等の枠組みや着眼点を活用し，自社の知的資産について，他社ではなく，なぜ，自社が取引先に選ばれているのか等という観点から自社の事業価値の源泉について適切に認識する。
- 「ローカルベンチマーク」を活用して自社の業界内における位置付け等を客観評価する。なお，人材育成，コスト管理等のマネジメントの向上や設備投資など，中小企業の経営力向上を図る「経営力向上計画」や，同計画に基づく支援措置を内容とする「中小企業等経営強化法」の活用も検討すべきである。同計画の策定にあたっての「現状認識」の方法の一つとして，上記「ローカルベンチマーク」の活用が想定されている。

⑵　会社組織・ガバナンスが強固であるか？

　経営者が創業者である場合，創業者による統治・監督機能が企業のガバナンス上，最も重要であることは少なくない。しかしながら，属人的なガバナンス（**図表5**）に依存していると，創業者が経営から退いた後に，さまざまな問題が噴出する可能性がある。

【図表5】属人的なガバナンスの例

- 創業者が「ヒト・モノ・カネ」に関する意思決定権限を持っている。
- 創業者の強力なカリスマ性により会社経営が行われており，他の役員や従業員は創業者が絶対的であると考えている。

　そこで，現状分析において，社内のルールとして何が整備され，運用されているのかを検討することが重要となる。そして，創業者が後継者にバトンタッチした後においても，ガバナンスが適切に機能するようなルールや組織構造を整備して，運用する必要がある。
　例えば，社内ルールの整備として，定款や規程などを再確認し，現状とルー

ルとに不整合がないかといった点を検討することが考えられる。また，役員が親族で占められている場合には，会計参与や会計監査人の設置など，外部の専門家の目線を企業経営に入れることなども考えられる（これらの点は，「Ⅶ組織全体の問題」で検討する。）。

つまり，事業承継によって経営者が交代したとしても，従業員不正などが起こらないような仕組みづくりを整備し，運用することが重要である。

チェックポイント

☐　事業承継における，「所有」と「経営」のそれぞれに関する現状分析の概要及び重要性を理解したか？

《コラム　内部統制と非上場企業》

　筆者は公認会計士であるため，上場企業（グループ）の内部統制の監査も行っている。内部統制の監査とは，簡単にいうと，社内のルール（統制）が，財務数値に影響を与えうるリスクを低減するように整備され，きちんと運用されていることを確認することである。上場企業（グループ）が抱える事業や人員は，非上場企業におけるそれとは異なるため，画一的なルールの徹底が求められるのは当然であると思う。

　また，そもそも内部統制監査は，米国における巨額粉飾事件であるエンロン事件を契機として始まったものであり，日本にとっては，欧米から輸入されたという側面もある。すなわち，欧米式の内部統制チェック機能が原型にあるため，導入当初，日本企業の多くは，「そこまでやるの？」という感覚であったように思われる。事実，監査法人でほぼ新人であった筆者は，会社の担当者の方と右往左往しながら，さまざまな社内ルールのチェックをした覚えがある。

　翻って，非上場企業において最も有効な統制とは何か？　筆者の感覚では，会長・社長の厳しい目であると思う。すなわち，会長や社長が人事権や財務の決定権などを握った上で，厳しく社内を律していると，社内の空気が引き締まっているように思える。この点は，内部統制監査の用語でいうと，全社統制（内部統制の基礎にある，法令順守を当然と感じさせる空気や全社ルールのようなもの）が効いているといえる。

　内部統制は，全社統制が根底にあることで，その上にある，さまざまな業務フローのルールの実効性が高まるといえる。その点で，非上場企業のガバナンスの良さと，欧米式のルールの厳格化をミックスさせることで，非上場企業のガバナンスの質は相当程度高まるのではないかと思われる。むろん，そのルールを維持，運用するためのコストが中小企業にとって死活問題であるのだが。

III 事業の承継可能性・売却可能性の検討

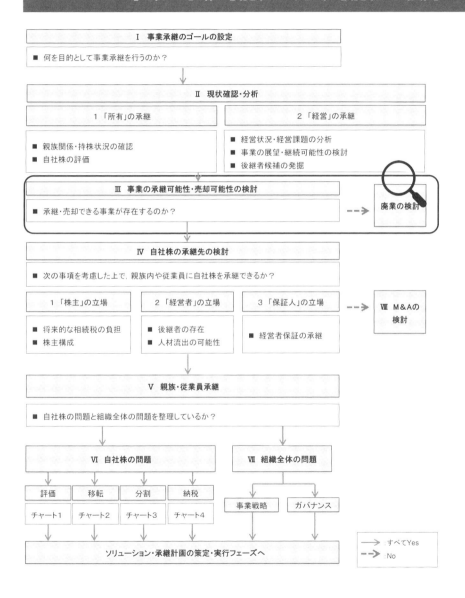

【ここがポイント！】
- そもそも「承継・売却できる事業が存在するのか？」を見極めることが重要です！

1 承継・売却できる事業が存在するのか？

「Ⅱ 現状確認・分析」において，自社の「所有」と「経営」に関する現状分析を行い，会社の持続可能性についてある程度の感触を得ることができれば，親族内承継にせよ，M&Aによる外部売却にせよ，事業承継という選択肢をとりうる。

また，現状分析を行った上で，今の会社の状態では将来見通しに問題があるものの，事業再生を通じて，事業の持続可能性が高まれば，事業の承継可能性や売却可能性が高まるということもある。その場合には，事業再生を経た上での事業承継という選択肢もとりうる（**図表6**）。しかし，事業再生をしても事業の持続可能性が乏しいと判断される場合には，残念ながら廃業を検討せざるを得ない。

【図表６】事業の承継可能性・売却可能性の検討

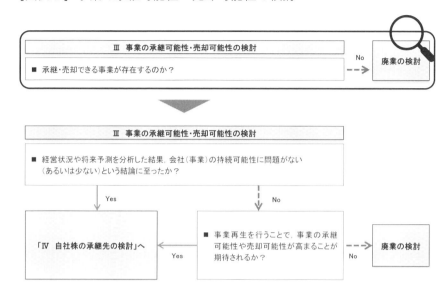

2 事業再生の手続

　事業再生は，裁判所が主体として関与する法的整理と，関与しない私的整理の２つに大別することができる（**図表７**）。

28

【図表7】事業再生の分類[6]

法的整理	内　容
民事再生手続	民事再生法に基づき，裁判所や監督委員の監督のもと，債務者自身が主体的に手続に関与し，企業の再建を図るもの。一般の中小企業に適した手続である。
会社更生手続	会社更生法に基づき，裁判所の監督のもと，裁判所が選任する更生管財人により企業の再建を図るもの。主に大企業に適した手続である。
私的整理	内　容
特定調停	債務者が主体的に関与する中で，裁判所が債権者，債務者その他の利害関係人との債務の調整を仲介し，企業の再生を図るもの。小規模な中小企業にとって使いやすい手続である。
中小企業再生支援協議会	各都道府県に設置された中小企業再生支援協議会が公正中立な第三者としての立場から，中小企業の事業面，財務面の詳細な調査分析を実施し，かつ当該企業が窮境に陥った原因の分析等を行った上で，債務者が同協議会の支援を受けて策定した再生計画案を金融機関に提示し，調整を行うものである。
事業再生 ADR	企業の早期事業再生を支援するため，中立な立場の専門家が，金融機関等の債権者と債務者との間の調整を実施するものである。その際，双方の税負担を軽減し，債務者に対するつなぎ融資の円滑化等を図る。

　例えば，筆者が中小企業再生支援協議会を通じた事業再生に関与した際には，支援協議会の担当者と会社経営者，サポートする会計士・税理士などの専門家で，事業の窮境分析を行った上で，今後の事業戦略について膝を突き合わせて検討し，メインバンクに再生計画について説明した。その際，会社経営者が現状を理解し，利益計画・資金計画などの見方について理解していると，その再生計画の説得力が増し，事業再生の前進に大きなプラスとなる。

　このように，経営者が事業の現状分析を，自らの頭でいかに適切に行えるの

6　前掲注1　26頁をもとに作成。

かという点が重要であるといえる。

　他にも，図表7にあるように，事業再生の方法は複数存在する。本書は事業再生の検討を目的としているわけではないため詳細は割愛するが，ケース・バイ・ケースで，専門家のサポートのもと，最も適した事業再生の手法を検討することになる。

3　廃業の検討

(1)　廃業という選択

　廃業というとネガティブな印象を受ける方が多いと思われるが，テクノロジーが目まぐるしく変化する現代社会において，あえて事業承継を選択せずに，一代限りと決めて自主廃業することが，経済合理性に適うこともある。また，サラリーマンは定年退職をすることで第2の人生をスタートさせるが，経営者もまた，廃業という選択肢をとって，自らの決断で次の人生を生きることもすばらしいことである。

　そこで，廃業の手続について，その要点を整理する。

(2)　廃業の手続

　廃業（自主解散）という手続を行う場合，通常は株主総会の決議による任意解散というかたちをとる[7]。そして，解散の決議後，会社の債権債務関係の整理などを行う必要があるが，この手続が清算である。清算の際，清算人が財産の処分や債務の弁済等を行い，残余財産を株主に分配することになる。

　したがって，廃業の意思決定を行うにあたっては，現状の会社の財産状況を時価ベースで確認した上で，余裕をもって清算を結了できるのかという点が重

---

[7]　解散の方法として，任意解散と特別解散に大別される。任意解散は，株主総会の決議，定款で定めた解散事由の発生や存続期間の満了などを解散事由とする。特別解散は，破産手続開始の決定や解散を命じる裁判などを解散事由とする。

要である。

要点は**図表8**のとおりである。

【図表8】 解散・清算のポイント

1　解　　散		
①　事　　業	■	従業員への十分な説明（雇用の斡旋や解雇の通知などを含む）
	■	取引先や債権者，その他利害関係者への十分な説明
②　法　　務	■	株主総会の決議による解散及び清算人の決定
	■	登記（解散登記及び清算人登記）
③　税　　務	■	税務署への解散届出
2　清　　算		
①　法　　務	■	債権申出公告や知れたる債権者への通知
	■	財産目録等の作成や株主総会の承認
	■	清算結了の登記
②　税　　務	■	残余財産確定事業年度の確定申告書の作成及び提出
	■	税務署への清算結了の届出

　なお，実際上は，図表8に記載した項目について，より詳細に検討する必要がある。例えば，税務の観点では，残余財産の分配に係る株主の税負担の検討や，グループ会社の一部を清算する場合の繰越欠損金の活用可能性の検討などが挙げられる。

チェックポイント

☐　現状分析を実施した上で，事業承継又は廃業を選択することについて理解したか？

☐　現状分析の結果，事業の持続可能性にネガティブな見通しであったとしても，事業再生によって事業の持続可能性が高まる場合もあることを検討したか？

Ⅳ 自社株の承継先の検討

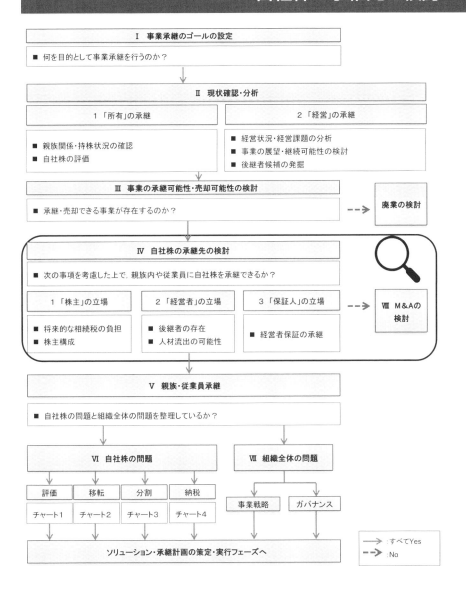

【ここがポイント！】
■ 後継者には「株主」「経営者」「保証人」の立場があり，それぞれの立場について検討する必要があります！

1　承継先の分類

「Ⅲ　事業の承継可能性・売却可能性の検討」の実施後，その事業を誰に承継するのかという問題が生じる。事業の承継先としては，親族内承継（直系・傍系親族），親族外承継（役員・従業員），第三者承継（M&A）の3つに大別することができる（**図表9**）。

IV 自社株の承継先の検討 33

【図表9】後継者ごとのメリット・デメリット[8]

後継者	メリット	デメリット
親族	・周囲の関係者から心情的に受け入れられやすい。 ・一般的に後継者を早期に決定でき，後継者教育等に十分な準備期間を確保できる。 ・相続等により財産や株式を後継者に移転できるため，所有と経営の分離を回避できる。	・親族内に，経営の能力と意欲を併せ持つ後継者候補がいるとは限らない。 ・相続人が複数いる場合，後継者の決定，会社支配権の集中に向けた調整が必要とされる（後継者以外の相続人への配慮が必要となる。）。
親族外 （役員・従業員）	・会社の内外から広く後継者候補を選ぶことができる。 ・特に社内で長期間勤務している役員・従業員が承継する場合は，経営の一体性を保ちやすい。	・後継者候補に株式取得等の資金力がない場合が多い。 ・個人債務保証の引継ぎ等に問題が多い。
第三者 （M&A）	・身近に適任者がいない場合でも，広く後継者候補を外部に求めることができる。 ・現経営者が自社株式売却によるキャッシュ・フローを獲得できる。	・希望の条件（従業員の雇用・譲渡価格等）を満たす買い手を見つけるのが，困難である。 ・譲渡後は買い手の経営方針のもとで会社が運営されるため，経営の一体性を保つのが困難である。

2 承継先を決める際の判断基準

では，どのような判断基準のもと，自社株の承継先を検討するのであろうか。承継先を検討するにあたっては，主に「株主」「経営者」「保証人」の3つの立場が問題になることが多い（**図表10**）。

---

8 日本公認会計士協会 経営研究調査会研究報告第60号「事業承継支援マニュアル」（2017年9月15日）97頁などから作成。

【図表10】自社株の承継先の検討

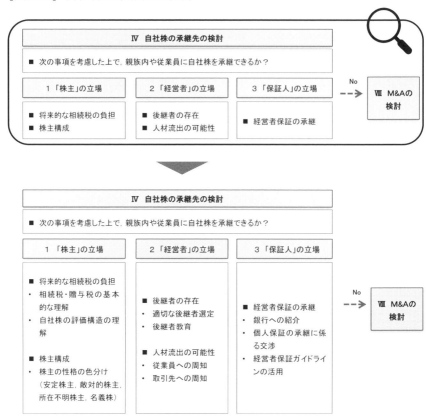

(1) 株主の立場

　優良企業であるほど自社株に係る税務上の評価額は高額になるため,通常は自社株承継における税負担を覚悟する必要がある。しかし,自社株は経営権そのものであり,また,一般的に流動性がないため,売却することが困難であることから,別の手段をもって納税資金を用意しなければならない(この点,後述する納税猶予の活用という可能性もある。)。そのため,相続税や贈与税に関

する基礎的な理解や，自社株の評価に関する基礎的な分析が必要になる。

さらに，自社株が分散して株主構成が複雑である場合や，敵対的株主・所在不明株主などが存在する場合には，後継者が自社株承継に消極的にならざるを得ない（これらの場合，M&Aを検討する際にも，買い手にとって大きなマイナス要因となる。）。

なお，筆者の経験上，会社幹部である親族外従業員が代表者に就任することを渋る理由として，経営を行うことには前向きであるが，株式のオーナーになりたくないということが少なくないように思われる。

(2) 経営者の立場

経営を担うに足る後継者がいないことには，親族・従業員承継は不可能である。長期的に後継者を育成していた場合には問題ないが，多くの場合，長年にわたって築き上げた社長の強力なリーダーシップで会社が維持されていると思われるため，適切な後継者の選定に苦慮することが少なくないと思われる。

また，適切な後継者が選定されない場合には，従業員の離職リスクが高まり，会社の存亡に関わる問題となる。

そのため，適切な後継者を選定することと同時に，後継者に対する教育[9]を実施することが必要である。また，機を見て，従業員や取引先に後継者を周知させ，円滑に引継ぎができるように計画を立てることが重要である。

(3) 保証人の立場

見落としがちな論点として「保証人の立場」がある。中小企業では，社長が個人保証を負うことが少なくないが，通常，代表者の交代によって個人保証を承継することになる。この点，後継者が個人保証を承継することを了承するか否かは大きな問題である。

9　後継者の教育として，部門・関連会社の責任者としての権限移譲，部門異動，他社での修行などが考えられるが，重要なことはそれを長期的に行い，周囲の理解も得ることである。

特に中小企業の場合は，借入依存度が高い傾向にあり，また，個人が保証を提供している額は，約70％が個人の保有する資産の額と同額かそれ以上になっているというデータもある[10]。つまり，実質的には無限責任と同様の潜在的負担を経営者が負うことになっており，事業承継の阻害要因となっている。

そのため，後継者が過度な保証を負うことがないように，まずは債務の圧縮による保証債務の減少や，取引銀行との交渉などを行うことが必要である。また，中小企業の融資における合理的な保証契約のあり方を示した経営者保証ガイドライン[11]を活用することも重要である。

経営者保証ガイドラインを活用することで，経営者保証を伴わない新規の融資，あるいは既存の融資の切替えを行うことができれば，個人の保証の引継ぎという問題が解消されるのではないかと思われる。参考に経営者保証ガイドラインのポイントを次に記載する[12]。

【参考】「経営者保証に関するガイドライン」のポイント

① 法人と経営者との関係が明確に分離されているなど，一定の要件を満たす場合，経営者の個人保証を求めないことや既存の保証契約の適切な見直しを検討すること

② 事業再生等の早期着手により回収見込みが増加した場合，自由財産（99万円）に加えて，一定期間の生計費に相当する額や華美でない自宅等を保証人の残存資産に含めることを検討すること

③ 保証債務履行時に返済し切れない保証債務の残額は，原則として免除すること

経営者保証ガイドラインの公表により，個人保証を外した融資制度が広がっ

10　前掲注8　71頁。
11　経営者保証に関するガイドライン研究会「経営者保証に関するガイドライン」（2013年12月）。
12　中小企業庁『中小企業白書2017』248頁。

Ⅳ　自社株の承継先の検討　**37**

てきていると思われる。事業承継の際に個人保証を承継するか否かを検討する
際には，このガイドラインを拠りどころに，金融機関と話し合うことも必要で
あろう。

　このように，後継者には「株主」「経営者」「保証人」の立場の承継という問
題がある。先代経営者や後継者が，「株主」「経営者」「保証人」の立場を理解
し，納得した上で，初めて親族・従業員承継が可能になる。しかし，適切な後
継者が不在である場合，M&Aによる自社株や事業の売却を検討することにな
る[13]（M&Aの手続については「Ⅷ　M&Aの検討」で述べる。）。

チェックポイント

□　承継先を検討する上で，「株主」「経営者」「保証人」の3つの立場を整理した
　か？

□　「株主」「経営者」「保証人」のそれぞれの立場における留意事項を理解した
　か？

13　なお，「株主」「経営者」「保証人」のそれぞれの立場を検討した上で，後継者候補が存
　在するが，第三者への売却のほうが経営者の経済合理性に適うことも考えられる。つまり，
　"満足のいく親族・従業員承継ができない"場合に，M&Aのフローに進むこともある。

V 親族・従業員承継

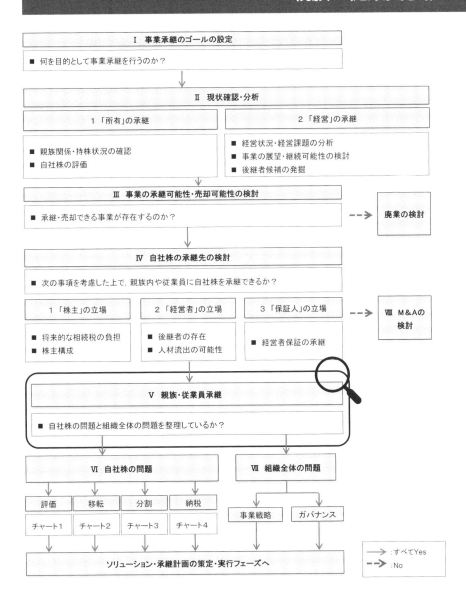

【ここがポイント！】
■ 「自社株」と「組織全体」の問題を切り分けて整理することで，さまざまな論点が見えてきます！

1　自社株の問題と組織全体の問題

　自社株の承継先として，親族・従業員承継を検討する際には，大きく2つの視点から課題とその対応策を検討する必要がある。それは，①自社株の問題と②組織全体の問題である（図表11）。

(1)　自社株の問題

　自社株の問題とは，オーナーが所有する自社株について「評価」「移転」「分割」「納税」のそれぞれの視点から問題を整理し，その対応策を検討することである。多くの場合，それぞれの視点は別個に存在せず，互いに影響し合うため，それぞれの視点を複合的に検討した上で，最適解を導き出す必要がある。

　なお，「評価」「移転」「分割」「納税」については，さらにフローチャートを細分化して整理する。

(2)　組織全体の問題

　自社株の問題と並行して，会社の組織全体に係る問題も整理し，その解決策を検討する必要がある。

【図表11】 親族・従業員承継

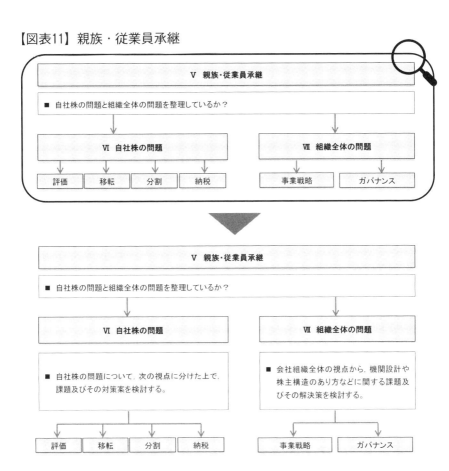

特に社歴が長い企業に多い問題は次のとおりである。

- 事業を過度に多角化しており,収益性の低い事業も継続して行っている。
- 子会社が乱立しており,また,複雑な株式の持合関係になっている。
- 自社株が分散しており,経営者(ファミリー)が安定的な議決権割合を保有していない。
- 定款や社内規程,株主名簿,機関設計などが現状に則していない。

自社株の検討にあわせて，例えば上記のような組織全体の問題も整理する必要がある。

なお，自社株の問題と組織の問題は，関連していることが多い。例えば，子会社が乱立しており，多くのグループ会社の株式を親会社の経営者が保有している場合には，合併や株式交換などで経営者が持つ株式を一本化させることなどで，結果的に自社株の評価が引き下がり，同時に，持株状況もシンプルになる，などといったケースが想定される。

チェックポイント

□　自社株の問題と組織全体の問題を整理して検討するという視点を持ったか？

Ⅵ 自社株の問題

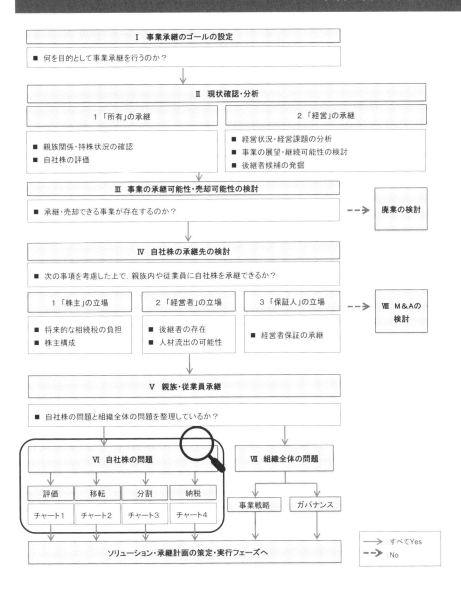

1 自社株の評価

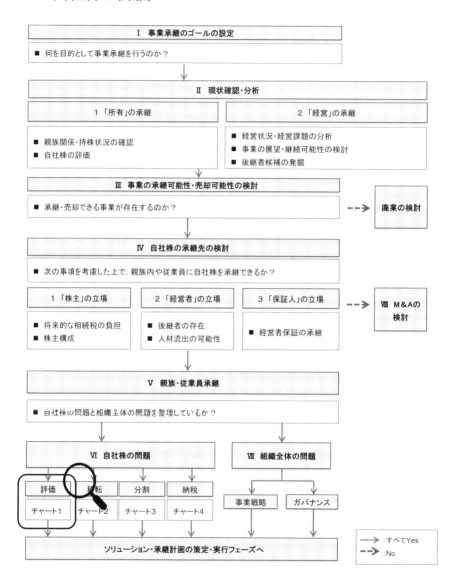

【ここがポイント！】
- **株価評価の基本的な構造を分析し，その分析結果に応じた対策案を検討することが重要です！**

そもそも，なぜ自社株の評価が問題となるのか。これは，自社株の承継にあたって，必ずその評価額が問題になるためである。

自社株の評価について理解し，その評価額に係る要因を分析して，ようやくその対策を検討することになる（**図表12**）。

(1) 自社株の評価

自社株の承継は，通常，贈与・相続・譲渡のいずれかの方法により行われる。そして，贈与・相続の場合には，評価額によって贈与税・相続税という問題が生じ，また，譲渡の場合には，評価額及び売買価格との関係次第で，法人税・所得税・贈与税の課税関係が生じる。

その上で，通常，自社株を売買するときは，M&Aなどの第三者との取引を除いて，いわゆる税務上の時価をもとに価格を決定することが多いと思われる。なぜならば，第三者間の取引でない場合には価格決定に恣意性が介入し，いわゆる時価と売買価格との間に乖離が生じる可能性がある。その乖離は，所得税・法人税・贈与税などの課税リスクに直結するため，結果的に取引価格を決定する際に，税務上の時価を基準とするのである。

しかし，取引の態様（贈与・相続・譲渡）及び取引の当事者（個人・法人，さらにその議決権割合による支配株主・少数株主など）によって，検討すべき税務上の時価が異なり，この点が実務上の大きな問題となる。

【図表12】自社株の評価

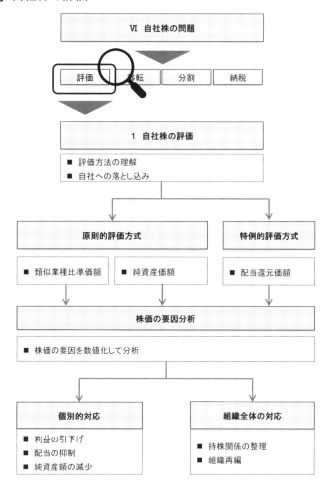

　例えば、取引当事者を個人・法人（発行会社以外）、支配株主・少数株主に分類した上でそれをマトリックス化すると、16パターンの取引形態に整理することができる[14]。そして、その取引形態ごとに適用される税務上の時価が存在する。しかし、本書は自社株評価の詳細な検討を目的としていないため、事業承継という視点から、後継者あるいは後継者が支配する会社（発行会社以外）

が経営者から自社株を承継する場合の基本的な課税関係について整理する[15]。なお，本書における「経営者」は，議決権の過半数を所有していることを前提としている。

①　経営者から，親族・従業員などの個人への贈与・譲渡

個人間で自社株の贈与・譲渡を行う場合に検討する時価は，相続税法上の時価である[16]。個人間で自社株の贈与を行う場合には贈与税の問題が生じるため，相続税法上の時価を検討することは当然であろう。では，なぜ譲渡の場合においても相続税法上の時価を検討する必要があるのか。

例えば，個人から個人へ時価よりも低額で自社株を売買する場合に，時価と売買価格との差額について，売主から買主への贈与があったものとして取り扱われる（いわゆる，みなし贈与[17]）。したがって，課税関係は贈与税課税の問題に帰結するため，結果として検討すべき時価は，相続税法上の時価になる。

②　経営者から，親族・従業員が支配している会社への譲渡（後述するMBOスキーム）

例えば，個人が法人へ時価よりも低額で自社株を譲渡する場合，個人においてはみなし譲渡[18]の問題が，法人においては受贈益の問題が生じうる[19]。

14　森富幸『取引相場のない株式の税務〔第4版〕』（日本評論社，2018年）148頁。なお，取引当事者に発行会社を加えると，自己株式の取得という論点が加わるため，課税関係はさらに複雑になる。

15　自社株の評価の問題は，会社の資産や損益の状況，持株関係などによってさまざまな論点が存在し，この解説のみで，書籍を1冊書くことが可能である。しかし，本書は事業承継全体について検討することが目的であるため，基本的な事項を中心に整理した。

16　明文規定が存在するわけではないが，課税の問題としては贈与税課税が生じるため，結果的に相続税法上の時価を検討することになる。

17　相法7。

18　所法59①，所令169。

19　法法22②。さらに法人が同族会社の場合は，法人の既存株主に対するみなし贈与の問題も生じうる。

すなわち，取引において，法人においては法人税法上の時価，個人において
は所得税法上の時価と取引価格との間に乖離が生じる場合には，その取引の態
様に応じた法人税，所得税の課税関係が生じる。

　なお，他にも法人から個人への譲渡，法人間の譲渡などの取引も存在する。
これらについて簡単にまとめると次のとおりである（**図表13**）。

【図表13】取引の種類と税務上の時価との関係

取引の種類	時　　価	根　　拠
①個人⇒個人	相続税法上の評価額	評基通178から189－7
②個人⇒法人 　法人⇒個人	（個人）所得税法上の時価 （法人）法人税法上の時価	所基通59－6，所基通23～35共－9 法基通9－1－13及び9－1－14
③法人⇒法人	法人税法上の時価	法基通9－1－13及び9－1－14

　では，それぞれの時価をどのように評価するのか。次にその評価方法の概要
について整理する。

⑵　相続税法上の時価

①　株主の態様ごとの評価方式

　相続税法における非上場株式の評価は，原則として財産評価基本通達に従っ
て算定される。評価方法は，株主の態様によって**図表14**のように整理される[20]。

20　評基通188。

                                          Ⅵ　自社株の問題　49

【図表14】 株主の態様ごとの評価方式

同族株主の有無	株主の態様				評価方式
同族株主のいる会社	同族株主	取得後の議決権割合が5％以上の株主			原則的評価方法
		取得後の議決権割合が5％未満の株主	中心的な同族株主がいない場合		
			中心的な同族株主がいる場合	中心的な同族株主	
				役員である株主又は役員となる株主	
				その他の株主	特例的評価方式（配当還元方式）
	同族株主以外				
同族株主のいない会社	取得後の議決権割合が15％以上のグループに属する株主	取得後の議決権割合が5％以上の株主			原則的評価方式
		取得後の議決権割合が5％未満の株主	中心的な株主がいない場合		
			中心的な株主がいる場合	役員である株主又は役員となる株主	
				その他の株主	特例的評価方式（配当還元方式）
	議決権割合の合計が15％未満の株主グループに属する株主				

（用語の意味）

同族株主	課税時期における評価会社の株主のうち，株主の1人及びその同族関係者（法人税法施行令第4条（（同族関係者の範囲））に規定する特殊の関係のある個人又は法人をいう。以下同じ。）の有する議決権の合計数がその会社の議決権総数の30％以上（その評価会社の株主のうち，株主の1人及びその同族関係者の有する議決権の合計数が最も多いグループの有する議決権の合計数が，その会社の議決権総数の50％超である会社にあっては，50％超）である場合におけるその株主及びその同族関係者をいう。
中心的な同族株主	課税時期において同族株主の1人並びにその株主の配偶者，直系血族，兄弟姉妹及び1親等の姻族（これらの者の同族関係者である会社のうち，これらの者が有する議決権の合計数がその会社の議決権総数の25％以上である会社を含む。）の有する議決権の合計数がその会社の議決権総数の25％以上である場合におけるその株主をいう。
中心的な株主	課税時期において株主の1人及びその同族関係者の有する議決権の合計数がその会社の議決権総数の15％以上である株主グループのうち，いずれかのグループに単独でその会社の議決権総数の10％以上の議決権を有している株主がいる場合におけるその株主をいう。

例えば，経営者が議決権の過半数を所有しており，後継者（経営者の子とする）がその議決権を承継する場合，同族株主のいる会社であり，また，後継者が同族株主グループに属しており，取得後の議決権割合が5％以上であることから，その承継する株式を原則的評価方式にて評価することになる。

② 会社規模ごとの評価方式（原則的評価方式）

原則的評価方式を採用する場合，会社規模に応じて評価方法は**図表15**のように整理される。

【図表15】会社規模と評価方式

会社規模	原則的評価方式
大会社	類似業種比準価額
	純資産価額（選択可）
中会社	類似業種比準価額×L＋純資産価額×（1－L）
	純資産価額（選択可）
小会社	純資産価額
	類似業種比準価額×0.5＋純資産価額×0.5（選択可）

会社規模（大会社，中会社，小会社）やLについては，相続税の申告書における「取引相場のない株式（出資）の評価明細書第1表の2 評価上の株主の判定及び会社規模の判定の明細書」がよくまとめられており，実務上は参考になると思われる。

(3) 所得税法上の時価

次の評価額が所得税法上の時価とされている。

① 売買実例のあるもの	最近において売買の行われたもののうち適正と認められる価額
② 公開途上にある株式[21]で，当該株式の上場又は登録に際して株式の公募又は売出し（以下，「公募等」という）が行われるもの（①に該当するものを除く）	金融商品取引所又は日本証券業協会の内規によって行われるブックビルディング方式又は競争入札方式のいずれかの方式により決定される公募等の価格等を参酌して通常取引されると認められる価額
③ 売買実例のないものでその株式を発行する法人と事業の種類，規模，収益の状況等が類似する他の法人の株式の価額があるもの（②に該当するものを除く）	当該価額に比準して推定した価額
④ ①から③までに該当しないもの	権利行使日等又は権利行使日等に最も近い日におけるその株式の発行法人の１株又は１口当たりの純資産価額等を参酌して通常取引されると認められる価額

　そして，④については，次の事項を条件として，財産評価基本通達の178から189-7に従って算定した価額とするとされている。

- 　財産評価基本通達188の(1)に定める「同族株主」に該当するかどうかは，株式を譲渡又は贈与した個人のその譲渡又は贈与直前の議決権の数により判定すること。
- 　その株式の価額につき評価通達179の例により算定する場合において，株式を譲渡又は贈与した個人がその株式の発行会社にとって同通達188の(2)に定める「中心的な同族株主」に該当するときは，その発行会社は常に同通達178に定める「小会社」に該当するものとしてその例によること。

21　金融商品取引所が株式の上場を承認したことを明らかにした日から上場の日の前日までのその株式及び日本証券業協会が株式を登録銘柄として登録することを明らかにした日から登録の日の前日までのその株式をいう。

- その株式の発行会社が土地（借地権を含む）又は上場有価証券を有している
  ときは，評価通達185の本文に定める「1株当たりの純資産価額（相続税評価額
  によって計算した金額）」の計算にあたり，これらの資産はその譲渡又は贈与の
  時の時価によること。
- 評価通達185の本文に定める「1株当たりの純資産価額（相続税評価額によっ
  て計算した金額）」の計算にあたり，同通達186－2により計算した評価差額に
  対する法人税額等に相当する金額は控除しないこと。

　実務的には，④によって所得税法上の時価を算定することが多数であると思
われる。そのため，自社株の評価においては，結局のところ，財産評価基本通
達の考え方が重要であるといえる。

⑷　法人税法上の時価

　法人税法上の時価は，基本的に，前述した所得税法上の時価と同様の方法に
よって算定する。ただし，同族株主の判定について，所得税法上は株式を譲渡
又は贈与した個人のその譲渡又は贈与直前の議決権の数により算定するが，法
人税法上は，譲渡又は贈与後の議決権の数により算定する点が異なる。

　実務的には，所得税法上の時価と同様，「1株当たりの純資産価額等を参酌
して通常取引されると認められる価額」によって時価を算定することが多数で
あると思われる。

⑸　株価[22]の要因分析

　通常，経営者が後継者に自社株の譲渡や贈与を行う際には，原則的評価方式
により評価することが多数であるため，原則的評価方式を前提とした自社株分
析について検討する。

　原則的評価方式によった場合，会社規模に応じて割合は異なるものの（図表

22　本書においては，自社株の税務上の評価額を「株価」とする。

15)，基本的には類似業種比準価額と純資産価額をミックスさせることで評価
額が計算される[23]。

① 類似業種比準価額

$$
1株（50円）当たりの比準価額 = A \times \frac{\dfrac{Ⓑ}{B} + \dfrac{Ⓒ}{C} + \dfrac{Ⓓ}{D}}{3} \times 斟酌率
$$

$$
\begin{array}{l}
1株当たりの \\
類似業種 \\
比準価額
\end{array}
=
\begin{array}{l}
1株（50円） \\
当たりの \\
比準価額
\end{array}
\times
\dfrac{直前期末の資本金等の額 \div \begin{array}{c}直前期末の \\ 発行済株式数 \\ （自己株式控除後）\end{array}}{50円}
$$

A	類似業種の株価
B	課税時期の属する年の類似業種の1株当たりの配当金額
C	課税時期の属する年の類似業種の1株当たりの年利益金額
D	課税時期の属する年の類似業種の1株当たりの純資産価額
Ⓑ	評価会社の1株当たりの配当金額
Ⓒ	評価会社の1株当たりの年利益金額
Ⓓ	評価会社の1株当たりの純資産価額

② 類似業種比準価額の分析

　ここで最も重要な点は，類似業種比準価額がいくらであったかという点では
なく（むろん，重要ではあるが），自社株の評価の構造を分析し，いかにして
効果的かつ効率的にその対策を立案できるのかという点である。

───────────

23　会社の純資産が毀損している状態では，純資産価額により評価を行うであろうが，その
場合，そもそも自社株の評価対策に係る検討が不要であろうから，本書においてはそのよ
うな会社は分析対象としていない。

類似業種比準価額の算式は次のように中身を取り出すことができる。

- 類似株価×配当の比準要素
- 類似株価×利益の比準要素
- 類似株価×純資産の比準要素

この算式によって，株価の構成要素ごとに金額，割合を算出することができる。換言すると，構成要素ごとに金額の大小を計算することで，株価の要因をつかむことができ，株価対策をより実効性の高いものにすることができる。

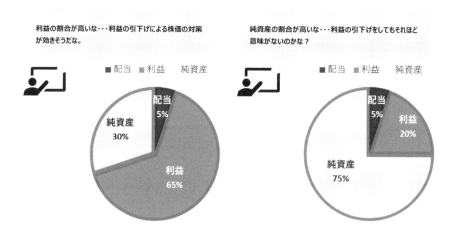

③ 純資産価額の分析

純資産価額は，文字どおり純資産の価額であるため，類似業種比準価額のように算式を分解して要素ごとに分析することはできない。そして後述するが，純資産価額は類似業種比準価額よりも対策案が限られてくるという点に特徴がある。

(6) 対策の選定

株価の要因を分析した後，いよいよ株価対策の立案・選定を実施する。株価対策の方法としては，代表的には，次の2つのアプローチが考えられる。

> ① 配当や利益，純資産などの要素ごとに個別的なアプローチを検討する方法
> ② 組織再編や持株関係の整理など，会社全体に対する総合的なアプローチを検討する方法

そこで，以下，①個別的アプローチと②総合的アプローチの2つの側面から検討を行う。

① 個別的アプローチ

個別的アプローチとは，端的にいうと，配当，利益，純資産の3つの要素に対して対策案を検討し，実行することである。

具体的には，**図表16**のような方法が一般的である。

【図表16】個別的アプローチによる対策例[24]

比準要素	対策例
配　当	・自社株承継前の配当を抑える。 ・記念配当・特別配当などを活用する。
利　益	・含み損のある資産を売却する。 ・含み損のある不要資産を処分する。 ・滞留在庫や不良債権を整理する。 ・退職金を活用する。
純資産	・土地，建物についての相続税評価額と帳簿価額の差額を活用する。 ・退職金を活用する。

24　日本公認会計士協会東京会編『公認会計士業務資料別冊30号 中小企業のための事業承継ハンドブック』（2016年3月）330頁などを参考に作成。

なお，事業上の合理性が認められない取引（例えば，関連企業同士で不動産の譲渡による損出しをするなど）には，税務リスクが存在するため，十分に留意する必要がある。

また，そもそも事業承継とは，後継者に健全な事業を引き継ぐことが大前提であり，やみくもに利益や純資産などを引き下げて会社の信用力や取引基盤などを損なってしまうと，元も子もない。

例えば，建設業の会社などでは，経営審査事項（いわゆる，「経審」）が入札などにおいて重要であるが，経審においては経常利益が判断指標の一つとなっている。そのため，やみくもに利益を引き下げて株価対策を行った上で後継者にバトンタッチしたところで，同時に経審の点数が低くなり，後継者が不利な状態から事業を引き継ぐといった事態が生じうる。

また，そもそも株価に対する純資産の要素の割合が高い場合には，利益を引きドげたところで株価対策にあまり意味がないといった事態も考えうる。

要因ごとに株価の内容を分析して，株価に対して最もインパクトを与えている要素に対して優先的に対策をとることが重要である。それと同時に，会社の事業に悪影響を及ぼさないような対策をとらなければならない。

② 総合的アプローチ

個別的アプローチとは，いわばパーツに対するアプローチであるが，総合的アプローチとは，会社の規模や事業構造，持株状況などの会社組織全体に影響を与えるアプローチである。

例えば，次のようなケースを想定する。

Ⅵ 自社株の問題　57

<ケーススタディ──現状>

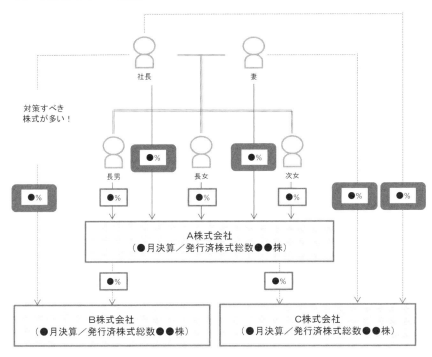

　個別的アプローチのみの場合，社長が保有しているA社，B社，C社それぞれについて株価対策を検討し，実行する必要がある。しかし，例えばA社を親会社，B社，C社を子会社とする株式交換を実行した場合には，株式交換後には次のような資本構成になる。

<ケーススタディ――株式交換後>

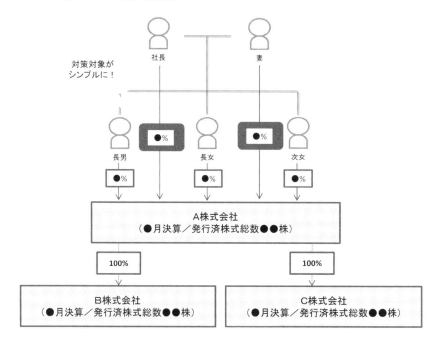

　社長夫妻が保有する株式はA社株式のみとなるため，A社に対する個別的アプローチを検討しながら，最適な事業承継対策を検討することになる。したがって，検討すべきポイントが非常にシンプルになる。

　また，通常，親会社であるA社はグループ企業の頂点に立つ事業会社であるため，規模が他社に比べて大きい傾向にある。仮にA社が先に述べた大会社として類似業種比準方式による評価を適用する場合に，A社の株価評価において，子会社であるB社，C社の株価が遮断される可能性がある[25]。

　また，事業上の合理性を検討した上で，例えば会社分割（分割型分割）によ

25　むろん，株式等保有特定会社（評基通189－3）の検討が必要である。また，株式交換によりA社の資本金等の額が増加することによる株価への影響や，法人住民税均等割への影響なども検討する必要がある。

り，B社，C社の事業の一部をA社に吸収させるなどして，売上規模や人員の規模などが増加する場合，A社の会社規模が変更されることも考えられる。

他にも，グループ企業が複数ある場合には，合併や会社分割，株式移転など，最適な組織再編を行い，事業構造をシンプルにした上で，個別的アプローチをとることが考えられる（**図表17**）。

なお，本ケースにおいては社長ファミリーで自社株を100％保有していることを想定したが，そのような例はむしろ稀有である。実際には，社長ファミリーの傍系親族やその他外部株主が，多少なりとも自社株を保有していることのほうが多い。そのような場合には，組織再編前に自社株を取得するなど，持株関係の整理も同時進行で行うことになる。

【図表17】 総合的アプローチによる対策例

組織再編	想定される株価への影響
合　併	・会社規模が大きくなることで，類似業種比準価額の割合が高まる。その結果，株価が引き下がる又はとりうる対策案が増える可能性がある。 ・債務超過のグループ会社などを合併することで，純資産価額が引き下がる可能性がある。
会社分割	・高収益事業を子会社にすることで，親会社の利益が引き下がる。また，親会社において純資産が増加しづらい構造をつくることができる。
株式交換	・持株関係がシンプルになる。 ・親会社の会社規模次第では，親会社の株価の算定上，子会社の株価の影響を全部，若しくはある程度切り離すことができる。
現物分配	・親会社が株式等保有特定会社などである場合に，子会社からの現物配当により親会社の資産構成を再構築し，評価方式を変えることができる可能性がある。

チェックポイント

- ☐ 自社株の評価に関する基本的な事項を理解しているか？
- ☐ 株価の要因分析の重要性を理解し，要因ごとの対策の必要性を認識しているか？
- ☐ 個別的アプローチと総合的アプローチのそれぞれについて理解し，ケースに応じて，どちらか，若しくは両方を検討する必要性があることを理解しているか？

《コラム　自社株の価値・専門家の価値》

　本節では，自社株の評価について主に税務の面から整理した。しかし，後述するM&Aにおける株式価値評価と，税務上の評価は全く異なるものである（当然，共通する点もあるが）。

　実務において，事業承継を検討する中で税務上の評価額を算出し，同時並行的に，M&Aの株式価値評価を行っているときなどは，混乱の極みに陥ることもしばしばある。そして，最も困るのは，税務上の時価と株式価値評価理論における時価に大きな乖離が生じることである（実務ではよくあることである。）。同じ会社の価値を同時点で測定しているのに，これほど差があると，釈然としないものはある。

　しかし，モノの価値とは何であろうか？

　ここで参考になるのは，株式価値評価理論でしばしば例に挙がる，「市場のニワトリ」である。つまり，料理用にニワトリを買うのであれば，太ったニワトリが高価であるし，観賞用のニワトリであるならば，色鮮やかなニワトリが高価であるし，商人の目線ならば，卵をたくさん産むニワトリが高価であるということになる（最後の例が，ディスカウント・キャッシュ・フローの考え方である）。

　ニワトリ一つとってもこのような状況なのであるから，より複雑な事象に囲まれている自社株の評価において，さまざまな評価手法があり，それぞれの評価額に差が生じるのは当然のことである。そして，状況に応じて合理性を持った評価手法を検討することは，専門家としての醍醐味であろう。

　と，大見得を切ったが，本当のところは完全に共通化した尺度があれば，これほど助かる話はない。しかし，そうなると，今度は専門家としての価値は低減する。価値算定が複雑であればあるほど，専門家の価値も上がる。自社株の評価方法はシンプルになってほしいが，専門家の価値は簡単に下がってほしくない……非常に難しい問題である。

2 自社株の移転

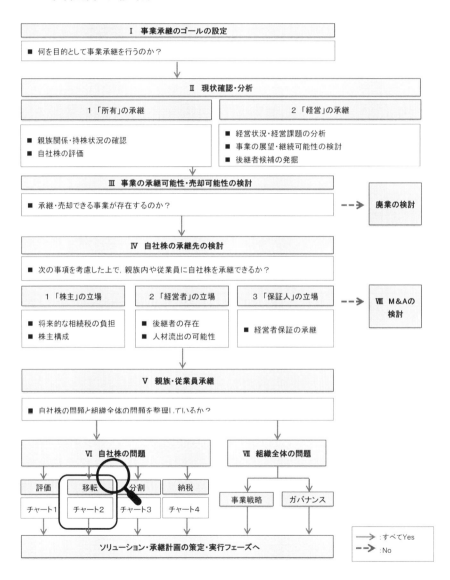

【ここがポイント！】
■ 自社株はさまざまな方法によって移転することができるため，経営の委譲のタイミングや税メリットなど，さまざまな視点から検討することが重要です！

(1) 移転のフローチャート

　株価対策を行うことと同時に，どのようにして後継者に自社株を承継するのか，つまり，自社株の移転方法も検討する必要がある。
　移転方法としては，事前，すなわち経営者の相続開始前に自社株を贈与・譲渡などする方法と，事後，すなわち相続開始によって自社株を後継者に承継する方法の2つに大別される（図表18）。
　本書の目的は，事業承継を計画的に行うことであるため，特に事前における自社株の承継をメインに説明を進める。

(2) 贈与による承継

　自社株を後継者に贈与するときの税務における取扱いとしては，①暦年贈与，②相続時精算課税制度を活用した贈与，③贈与税の納税猶予制度（以下「贈与税の納税猶予」という。）を活用した贈与の3つに分けることができる。
　特に，平成30年度税制改正により相続税・贈与税に係る納税猶予制度（以下「納税猶予」という。）が大幅に拡充され，多くの書籍や雑誌において取り上げられているところである。
　納税猶予とは，簡単にいうと，自社株承継に係る相続税・贈与税について，一定の要件を満たした場合に，その税額の全部（又は一部）を猶予するという

【図表18】 自社株の移転

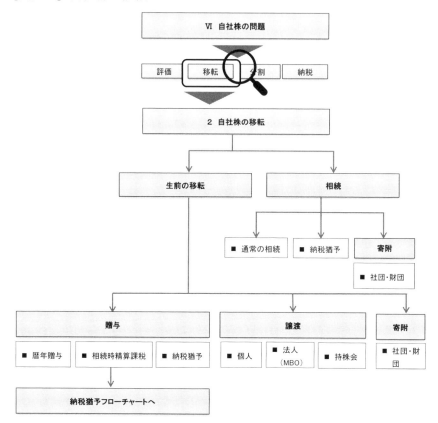

制度である。もともと要件が複雑であり，また手続に手間のかかる制度であるため利用件数は低調であったが，平成30年度税制改正により，猶予税額や適用可能な対象者が増加したことなどを理由として，適用件数が今後大幅に増加するであろうといわれている。実務においても，納税猶予を適用できないのか，といった質問が多くなったように思われる。

　しかしながら，納税猶予の適用要件も重要であるが，その前に，他の方法と比較衡量した上で，納税猶予の適用の可否及び要否を検討することが重要であ

る。

　そこで，本書においては，暦年贈与，相続時精算課税制度による贈与，贈与税の納税猶予の選択について，フローチャートを使って検討する。

(3) 納税猶予フローチャート[26]

① 納税猶予フローチャートの全体像

【ここがポイント！】
■ 納税猶予の適用に係る意思決定を行う際，まず検討過程の「どの段階で」，「何を検討しているのか」を，理解することが重要です！

　贈与税の納税猶予は非常に複雑であるため，その適用要件など，制度の細かな点に注目しがちである。しかし，事業承継の全体像という観点から考えると，贈与税の納税猶予の適用要件の検討は，あくまで枝葉の部分にすぎない。最適解にたどりつくためには，枝葉ではなく幹の部分を意識して実務にあたることが重要である。

　幹の考え方はいくつもあると思われるが，本書では，次の3つのステップをもとにフローチャートを整理した（**図表19**）。

26　拙稿「納税猶予適用 Yes-No フローチャート」『税務弘報』66巻6号（2018年）46-52頁をもとに作成。

【図表19】 納税猶予フローチャート全体像

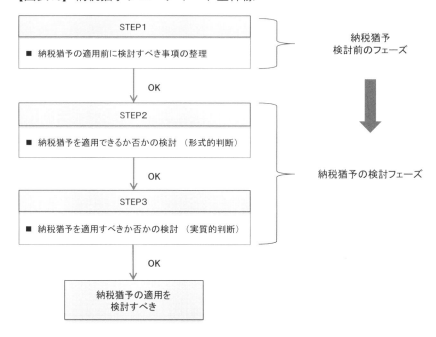

② フローチャート各論 － STEP1～STEP3の検討

次に，図表19のSTEPそれぞれをブレークダウンして検討する。

【STEP1】納税猶予の適用前に検討すべき事項の整理

【STEP1の要点】
■ 「後継者」に自社株を「贈与」することの決定

自社株の承継対策を立案する上で重要な点は，さまざまな状況を考慮した上で，数パターンのアプローチをシミュレーションし，最適解を導くことである。
　贈与税の納税猶予の適用ありきで検討を進めるのではなく，前述した事業や自社株の承継先の検討などを行い，後継者に自社株を贈与することができる状態で，はじめて納税猶予の適用の可否に関する次のステップに移行することになる。

【STEP 2】納税猶予を適用できるか否か

【STEP2の要点】
■ **そもそも納税猶予を適用できるのか？**

　贈与税の納税猶予に係る適用要件の概要をフローチャート形式で示すと，図表20のとおりである。
　実際の適用に際しては，法令に則したより詳細な検討が必要であるが（例えば，対象会社が海外子会社を有する場合など），このフローチャートを適用して簡易的に納税猶予適用の可否を判定することで，ある程度の感触を得ることができるであろう。

【図表20】 STEP2のフローチャート

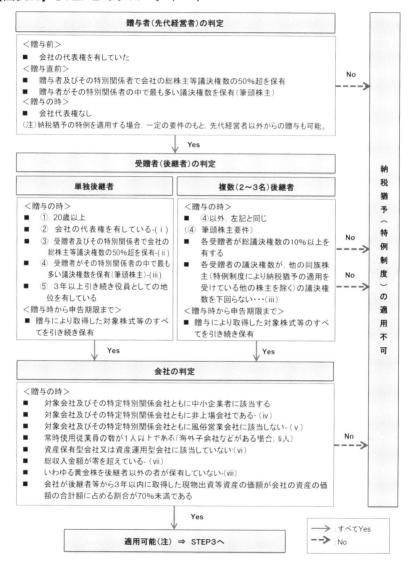

（注）上記判定を実施することに加えて，特例承継計画の認定を受けることで，特例制度を適用することができる。なお，特例承継計画の提出期間に注意が必要である。

【STEP 3】納税猶予を適用すべきか否か

【STEP 3の要点】
■ **そもそも納税猶予を適用すべきなのか？**

　自社株を贈与する際に，贈与税の納税猶予が適用できると判定されたとしても，暦年贈与で十分対応可能な場合や，適用後，すぐに納税猶予が終了してしまうような場合には，あえて納税猶予を選択する理由がない。

　そこで，STEP 3においては，次の観点から，贈与税の納税猶予を適用すべきか否かという実質的な判定を試みたい。

＜適用要否の検討の観点＞

A　納税額のコントロール……当面の税負担を抑えることができるか

B　納税時期のコントロール……納税のタイミングを自らコントロールできるか

　なお，**図表21**のフローチャートは上記A及びBの視点に沿って検討しているが，実際の判定に際しては，個別のケースに応じて，より詳細な検討が必要である。例えば，贈与時点と先代の相続開始時点の株式評価額の大小をシミュレーションすることで，贈与税の納税猶予適用の意思決定に違いが生じることも考えられる[27]。

27　何を検討のポイントに置くかによって，当然結論も変わる。例えば，STEP 3のフローチャートでは検討の対象外としているが，納税猶予を適用する際の専門家に対する報酬や，適用後の手間・コストなどを重視して納税猶予の適否を検討する場合には，STEP 3のフローチャートとは異なる視点での検討になる。

【図表21】STEP3のフローチャート

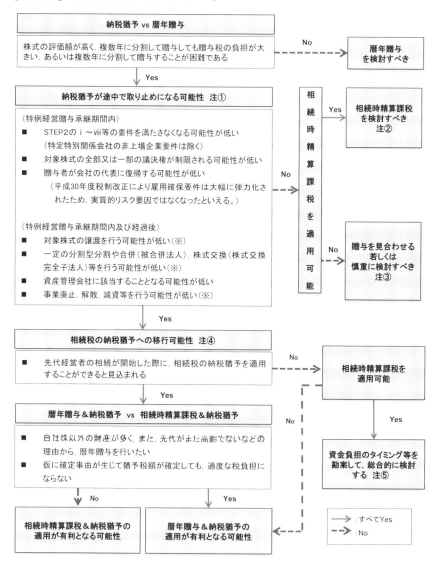

VI　自社株の問題　**71**

（注）

① 確定事由の発生可能性が高い場合には，納税時期のコントロールが困難となるため，納税猶予の適用について慎重に見極めることが重要である。

（※）特例制度においては，経営環境の変化に対応した特別な減免措置が創設されている。すなわち，納税猶予の適用後に経営環境が悪化した場合において，一定の要件を満たした場合には，株式の譲渡，合併，廃業などの時における株式の評価額をもとに税額を再計算し，もともとの猶予税額との差額が減免される。

ただし，納税猶予適用の意思決定をする時点で，すでに将来の経営悪化が予想されるのであれば，株式の評価額は将来に向かって低下すると思われるため，あえて納税猶予を選択する必要性は高くないと思われる。

② 確定事由の発生可能性が高い場合で相続時精算課税の適用ができる場合，納税時期のコントロールという点で，相続時精算課税を利用することが有利であるケースもあると考える。しかし，確定事由の発生可能性がある程度見込まれるとしても，すでに手元に納税資金があるなどの理由で，納税時期のコントロールを重視しない場合には，本フローチャートには従わず，"ダメもと"で相続時精算課税と納税猶予を併用し，確定事由が生じた場合にも，もとから相続時精算課税を適用していたのと変わらないと考えることもできる（ただし，利子税や手続の手間などは別途検討する必要がある。）。

なお，相続時精算課税を適用する場合には，相続時精算課税の適用要件や，そのデメリット（暦年贈与が適用できなくなることや今後の申告による手間の増加など）も検討する必要がある。

③ 一般的に贈与税は相続税より税負担が重いため，確定事由の発生可能性が高い状態で暦年贈与を行い，納税猶予を適用することは，慎重に検討するべきである。

④ みなし相続が発生した場合に，贈与税の納税猶予額は免除され，贈与時の価額によって相続等により対象株式を取得したものとみなされる。この場合，一定の要件を満たすことで相続税の納税猶予を適用することが可能である。一方，相続時精算課税を適用する場合，先代経営者の相続が開始すると，その贈与財産の価額は，贈与時における価額によって相続税の課税価格に加算され，かつ，贈与税額を控除することを通じた精算が行われる。したがって，相続財産の価額固定効果という点で共通しているものの，納税猶予の再適用が見込まれる状況においては，納税猶予が有利であると考えられる。

⑤ 先代経営者の相続が開始した場合，どちらの制度によった場合においても対象株式が相続税の対象となるため，最終的な納税額という点で納税猶予と相続時精算課税制度に違いは生じない。ただし，贈与時及び相続時のキャッシュ・フローが異なることもあるため，資金繰り等を勘案して，制度の有利・不利判定を行う必要がある。

③ 小 括

暦年贈与，相続時精算課税制度による贈与，贈与税の納税猶予の3つの方法について，フローチャートで検討した。ただし，このフローチャートはすべての状況において活用できるものではなく，会社の状況や，経営者・後継者の考え方などによって導かれる答えは異なる。

重要な点は，ブームだからといって，納税猶予ありきで事業承継を考えずに，さまざまな選択肢，可能性を検討した結果として，納税猶予を適用すべきということである。

⑷ 譲渡による承継

① 個人への譲渡

個人（経営者）から個人（後継者）への自社株の譲渡は，シンプルな承継方法である。個人間譲渡の場合には，前述したように相続税法上の時価が問題となるため，その時価をもとに売買価格を交渉して決定することになることが多いと思われる。

ただし，後継者がどのようにして自社株の取得資金を確保するのかといった問題がある。

② 法人への譲渡

実務上，後継者が資産管理会社を設立して，金融機関などから借入を起こしてその資金をもとに経営者から自社株を取得する，いわゆる MBO スキームによる譲渡が一般的であると思われる[28]（**図表22**）。

会社が金融機関から借入を起こすことになるため，個人間の譲渡において後継者個人が資金を調達する場合より，多くの資金を調達することができる。

---

28 経営者が会社に自社株を売却する（自己株買い）ことも考えられるが，当該取引により経営者に多額のみなし配当が生じる場合には，税コストの観点から MBO のほうが有利な場合が少なくない。

Ⅵ 自社株の問題

【図表22】MBO スキームの概要

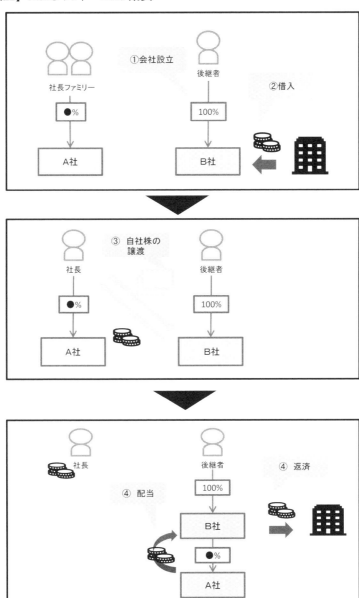

74

（図表22の説明）

①	後継者が100％の議決権を保有する新会社（B社）を設立する。
②	B社がA社株式を買い取るために，金融機関から借入を起こす。
③	B社が②の調達資金を使って社長などからA社株式を購入し，後継者はB社を通じてA社を支配することで事業承継を行う。
④	B社はA社からの配当金や業務受託収入などの資金をもとに借入金の返済を行う（若しくは，必要に応じて合併などを行う。）。

　MBOスキームは，譲渡や資金調達について関係者間で合意できていれば，迅速に事業承継を完結することができるという点で，有効な方法である。また，後継者個人で自社株の買取資金を準備する必要がない点もメリットとして挙げられる。

　しかし，税コストを考えると，さまざまなデメリットが生じる点も検討しなければならない。

　例えば，次のような課題が想定されるため，これらの課題を事前に予測した上で対応策を検討する必要がある（**図表23**）。番号は図表22における番号に対応している。

【図表23】MBOスキームにおける課題例

番号	想定されるデメリット
③	社長が得た資金について，相続税対策が必要になる。
③	法人税法上の時価，所得税法上の時価をベースに取引価格が決定されるため，相続税法上の時価に比べて評価額が高くなることがある。そのため，借入金が増加し，また，キャッシュ・アウトする金額が大きくなる。
③	通常，新会社は株式等保有特定会社になることが多いため，その後の承継対策において追加的な対策を検討する必要がある。
④	会社が，本業とは異なるところで負債を負うことになるため，後継者が運転資金のすべてを事業に向けることができない可能性がある。

　なお，借入ではなく，A社からB社へ資金を貸し付け，その資金をもってMBOを実行する方法も考えられるが，自己株買いの潜脱として捉えられる可

性があるため，十分に留意が必要である。

③ 従業員持株会への譲渡

イ）従業員持株会の形式

　従業員持株会とは，会社の従業員（当該会社の子会社等の従業員を含む。）が，当該会社の株式の取得を目的として運営する組織をいう[29]。そして，従業員持株会の形態としては，民法上の組合形式を採用することが多いと思われる。

　民法上の組合形式によって従業員持株会が設立された場合，組合は法人格を持たない。そのため，組合自体が自社株の所有をすることができず，組合が取得した自社株は，組合員が共有して保有するものとされるため，それぞれの拠出額に応じて，自社株を直接保有するものとみなされる[30]。

　なお，税務上はいわゆるパススルー課税として取り扱うこととされ，契約で定めた分配割合に応じて組合員に利益・損失が帰属することとされている[31]。

ロ）自社株承継に係る従業員持株会の役割

　一般的に，経営者が従業員に対して自社株を譲渡するときの税務上の時価は，従業員（少数株主）にとっての時価である配当還元価額によるものと思われる。通常，配当還元価額によった場合の自社株移転に係る税負担は，原則的評価方式によった場合の税負担より重くないため，比較的容易に自社株の移転が可能である。

　また，配当還元価額により従業員持株会へ譲渡した結果として，経営者が保有する自社株数が減少することになる。これにより，経営者から後継者に対する自社株承継に係る負担を軽減することが可能となるばかりでなく，後継者が次の世代に自社株を承継する際の負担も抑えることができる可能性がある。

29　日本証券業協会「持株制度に関するガイドライン」（2018年9月14日改正）。なお，持株制度には，従業員持株会，拡大従業員持株会，役員持株会，取引先持株会などがある。本書では，事業承継において最も活用されている従業員持株会を前提として検討を進める。

30　形式としては，組合員が持株会の理事長に自社株を信託し，理事長の名義でその株式が登録される。

31　所基通36・37共－19。

(5) 社団・財団法人への寄附

① 社団法人・財団法人

　一般社団法人とは,「一般社団法人及び一般財団法人に関する法律」により設立される社団であり,一般財団法人とは,「一般社団法人及び一般財団法人に関する法律」により設立される財団である。

　そして,一般社団法人や一般財団法人のうち,「公益社団法人及び公益財団法人の認定等に関する法律」に基づく公益認定を受けたものが,公益社団法人や公益財団法人として認められる。

　さらに,税法においては,一般社団法人及び一般財団法人(公益社団法人又は公益財団法人を除く。)について,非営利性が徹底された法人として一定の要件を満たしたものなどは,非営利型法人とされる[32]。

　したがって,税務における社団・財団法人の取扱いは3層構造となっている(図表24)。そして,社団・財団法人がこの3層構造のどこに属するかによって,財産の寄附に係る税務上の取扱いが異なることになる。

【図表24】公益法人制度と法人税法における階層

32　法法2九の二。非営利型法人は,非営利徹底型(法法2九の二イ)と共益型(法法2九の二ロ)とに区分される。

② 寄附に係る課税関係

イ）寄附をした個人

　個人が法人に財産を寄附した場合，当該個人は時価で譲渡したものとみなされ，譲渡所得課税が生じる（みなし譲渡）。ただし，当該寄附の対象が，公益社団・財団法人又は非営利徹底型の一般社団・財団法人であり，一定の要件[33]を満たしたものとして国税庁長官の承認を受けた場合には，みなし譲渡所得に係る所得税は非課税となる。

　なお，適用手続として贈与者が非課税承認申請書を所定の期日までに提出して国税庁長官の承認を受ける必要があるが，その承認に時間を要することが少なくないため，計画的な提出が重要である。

ロ）寄附を受け入れた法人

　法人が寄附を受け入れた場合，原則として法人に受け入れた財産に係る時価について，受贈益課税が生じるが，公益法人等（法人税法別表第二に掲げる法人）については，法人税法上の収益事業から生じた所得以外の所得については，非課税となる。

　ただし，寄附した贈与者の親族等の贈与税の負担が不当に減少する[34]と認められる場合には，寄附を受け入れた公益法人等を個人とみなして，贈与税が課税される。

(6) 相続による承継

① 相続税の納税猶予の適用

　自社株を相続した場合には，相続税の納税猶予の適用可能性が存在する。相

33　措法40①，措令25の17⑤。
34　不当減少要件（相令33③）。また，平成30年度税制改正によって，相続税法施行令33条４項が新設された。一般社団・財団法人（非営利型法人その他一定の法人を除く。）について，まず相続税法施行令33条４項で判定を行い，すべての要件を満たす場合に，相続税法施行令33条３項で判定を行うことになる。そして，相続税法施行令33条３項の判定で，その要件のすべてを満たす場合には不当減少に該当しないが，いずれかを満たさない場合には，不当減少に該当するか否かを総合的に判定することになる（相法66④）。

続税の納税猶予の適用要件は，贈与税の納税猶予の適用要件に重なるところが多い。

したがって，適用可否の判定をし，適用要否の判定を行った上で，通常の相続税の申告及び納付の手続を行うか，相続税の納税猶予を適用するかといった検討が必要になる。

<適用要否の検討の観点>
A　納税額のコントロール……当面の税負担を抑えることができるか
B　納税時期のコントロール……納税のタイミングを自らコントロールできるか

ただし，当面の税負担という点では，相続税の納税猶予が望ましいという結論になるであろう。問題は，適用後における納税時期のコントロールであるため，確定事由の発生可能性を慎重に検討することが望ましい。

② 公益法人等への相続財産の贈与

相続により財産を取得した者が，一定の要件を満たした上で公益社団・財団法人にその財産を寄附した場合には，その贈与した財産の価額は相続税の課税価格に算入しないこととされている[35]。

なお，適用要件については，前述した租税特別措置法40条と共通する点が多い。ただし，例えば，対象となる法人の範囲として，租税特別措置法40条は非営利徹底型の一般社団法人も含むが，70条については，公益法人のみが制度の対象であり，一般社団・財団法人を制度の適用対象に含めないなど，一部異なる点もあるため，留意が必要である。

35　措法70。

チェックポイント

☐ 自社株の移転に関する全体像を理解したか？

☐ さまざまな移転方法についてメリット・デメリットが存在するため，それらを検討することの必要性を理解したか？

☐ 安易に事業承継税制を適用すればよいと思っていないか？

3 自社株の分割（分け方）

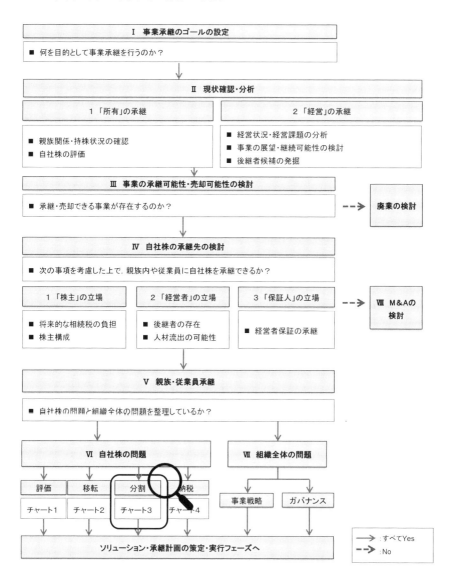

【ここがポイント！】
■ 経営者の自社株をどのように分けるのか？ ポイントは，「集中」と「安定株主」です！

(1) 集約化と安定株主の確保

　本書でいう自社株の分割とは，経営者が保有する自社株の分け方をいう。この点，経営者が保有する自社株について，原則として「後継者に」「議決権を」集約させることがガバナンスにおいて重要であるが，集約させすぎることで，他の相続人の遺留分の問題やその後の税負担の問題などが生じうる。

　そのため，後継者への自社株の集約を基本路線としつつ，バランスよく安定株主に対して自社株を承継させる方法も検討することになる（**図表25**）。

【図表25】 自社株の分割

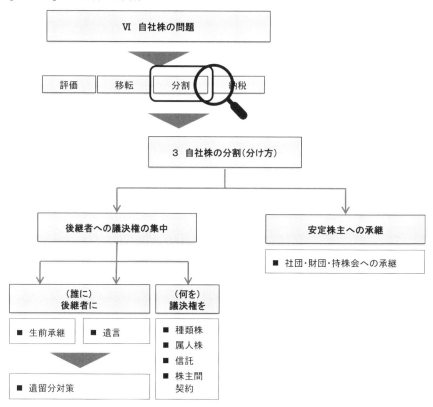

(?) 後継者への議決権の集中

① 議決権の重要性

　株主総会における議決権は，原則として，その有する株式1株につき，1個付与される（1株1議決権の原則）[36]。そして，議決権の数に応じて，株主総会における決議事項が異なるため，いかにして後継者に議決権を集中させるのかが，会社支配という点で重要な問題である（図表26）。

36　会社法308①。

Ⅵ　自社株の問題　83

【図表26】非公開会社における株主総会決議事項と議決権数

議決権比率	決議事項（主要な項目のみ）
特別決議 （出席株主の議決権の３分の２以上を必要とする決議）	・監査役の解任 ・特定の者からの自己株式取得 ・株式募集 ・減資 ・定款変更 ・事業譲渡，事業の全部の譲受け ・組織再編・組織変更 ・相続人等に対する売渡請求 ・株式併合
普通決議 （出席株主の議決権の過半数を必要とする決議）	・役員等の選任 ・取締役の解任 ・計算書類の承認 ・剰余金の配当 ・役員報酬の決定
拒否権発動 （議決権の３分の１超を必要とする決議）	特別決議を要する事項の拒否権

　安定経営のために必要な議決権数としては，最低でも議決権の過半数，できれば３分の２を後継者１人で握っている状態が望ましいといえる。

② 後継者への承継

　まず，経営者の自社株を後継者に承継させることが分割の基本路線となる。その際，手法としては「生前承継」と「遺言」が代表的である。

　この点，生前承継は基本的には会社オーナーの主体的な意思に基づく承継である一方，相続による場合，事前に遺言を準備しないと，遺産分割の結果次第で，後継者に議決権を集中できない可能性がある。そのため，生前承継によらない場合においても，最低限，遺言の準備は必要であろう。なお，生前承継によった場合の移転方法については，「２　自社株の移転」をご参照いただきたい。

　しかし，問題は，自社株を後継者に集中したいからといって，すべてを後継

者に承継させればよいといった単純なものではないことである。

　すなわち，自社株はそれ自体に価値があるため，優良な企業であるほど，オーナーの保有する財産価値の中で，自社株が占める割合が高くなる。その結果，自社株をすべて後継者に承継させることで，相続人間で不平等が生じるおそれがあり，場合によっては，後述する遺留分の問題が生じる可能性がある。そのため，後継者への議決権の集中と，相続人間の不平等の予防を同時に検討する必要がある。

イ）　種類株式

　種類株式とは，株式の権利内容が異なる複数の種類の株式をいう。

　会社法においては，次のような種類株式が認められている（**図表27**）。

【図表27】種類株式の種類及び内容

会社法108①	種類株式の種類	内　容
一	配当優先（劣後）株式	剰余金の配当について，他の株式より優先又は劣後する
二	残余財産分配優先（劣後）株式	残余財産の分配について，他の株式より優先又は劣後する
三	議決権制限株式	株主総会における議決権の行使を制限する
四	譲渡制限株式	譲渡による当該種類株式の取得について当該株式会社の承認を要する
五	取得請求権付株式	当該種類株式について，株主が当該株式会社に対してその取得を請求することができる
六	取得条項付株式	当該種類株式について，当該株式会社が一定の事由が生じたことを条件としてこれを取得することができる
七	全部取得条項付株式	当該種類株式について，当該株式会社が株主総会の決議によってその全部を取得する

八	拒否権付株式	株主総会（取締役会設置会社にあっては株主総会又は取締役会，清算人会設置会社（会社法478条8項に規定する清算人会設置会社）にあっては株主総会又は清算人会）において決議すべき事項のうち，当該決議のほか，当該種類株式の種類株主を構成員とする種類株主総会の決議があることを必要とする
九	役員選任権付株式	当該種類株式の種類株主を構成員とする種類株主総会において取締役（監査等委員会設置会社にあっては，監査等委員である取締役又はそれ以外の取締役）又は監査役を選任する

　例えば，普通株式を後継者に集中させ，経営に関与しない株主には配当優先の無議決権株式を付与することで，後継者が会社支配権を確保しつつ，他の株主からの不満を解消することが考えられる。

　また，後継者に全権を委任することが尚早と考えられる場合には，先代が重要事項に係る拒否権付株式を保有することなども考えられる。

　このように，種類株式は持株状況や関係者の状況によって，さまざまなカスタマイズが可能であるため，ガバナンスを効率的に機能させるという点で非常に有効な選択肢である。

　ただし，登記事項であるため，種類株式の導入状況が誰でも閲覧することができる点や，課税上，特にその評価という意味で不明確な点が存在する（**図表28**）といったところが問題であり，これらの点については十分に留意する必要がある。

【図表28】 税務上及び「種類株式の評価事例」における種類株式の価値評価[37]

種類株式の内容	税務上の取扱い	「種類株式の評価事例」等の考え方[38]
剰余金の配当	配当優先株式を類似業種比準方式により評価する場合，「1株当たりの配当金額」を株式の種類ごとの配当額に応じて評価する。また，純資産価額方式により評価する場合，配当優先の有無を考慮しないで，普通株式の価値と同様に評価する。	配当優先株式は普通株式と比較して通常は評価が高くなり，劣後株式は普通株式と比較して低い評価となる。一般的には，配当優先／劣後以外の種類株式と合わせて発行されるため，配当の優先／劣後だけで種類株式の評価額が決まるわけではない。
残余財産の分配	具体的な取扱いはなく，普通株式の価額と同様に評価する。	残余財産分配優先／劣後株式の基本的な考え方は配当優先／劣後株式と同様である。ただし，企業が永続することを前提とした場合の株式評価では，残余財産分配優先／劣後が価値評価に影響を与えることは稀と考えられる。
議決権制限株式	原則，無議決権の価額も普通株式の価額と同様に評価するが，所定の条件を満たしている場合は，5％の評価減を認め，当該減額分を他の普通株式の価額に加算する。	普通株式と比較して，議決権の一部若しくは全部を制限した株式は価値が減少したと考えられる。
譲渡制限株式	具体的な取扱いはなく，普通株式の価額と同様に評価する。	一般的に譲渡制限は，株式の流動性を低下させるため，株式の評価にあたりディスカウント要因であると考えられる。
取得請求権付株式	具体的な取扱いはなく，普通株式の価額と同様に評価する。	取得請求時に対価としてあらかじめ定めた現金を交付する場合，当該株式保有者は取得請求可能期間で当該株式を現金化する機会を有するため，投資回収に関するリスクを低減させることが可能である。
取得条項付株式	社債類似株式の場合，原則として，利付公社債の評価に準じて評価する。	発行企業が現金で取得条項付株式を買い戻す場合，当該株式は債券の性格を有しているため，DCF法により評価されることが妥当と考えられる。
全部取得条項付株式	具体的な取扱いはなく，普通株式の価額と同様に評価する。	100％減資の場合を除いて，将来取得されると見込まれる対価の性質に応じて評価することが妥当と考えられる。
拒否権付株式	拒否権の価値を考慮しないで，普通株式の価額と同様に評価する。	拒否権は会社の方向性を決定できるため，何らかの価値を有するものと考えられるが，一般的に定量化は困難であると考えられる。
役員選任権付株式	具体的な取扱いはなく，普通株式の価額と同様に評価する。	役員の選任に影響を与え，当該役員を通じて経営を支配することができる。この価値を客観的に数値化することは極めて困難であるため，実務上はこの価値を無視するか，又は役員選任権を有しないものを基準として，その一定割合を増額する等の評価方法が考えられる。

前述したように，株主の議決権の状況によって原則的評価方式と特例的評価方式の適用に係る判定が行われるが，議決権が少ない株主が保有する自社株は配当還元方式により評価される。

では，例えば，経営者が100％（100株）の株式を保有しており，そのうち99株を無議決権化して同族株主以外の者に贈与し，残り1株について後継者に贈与した場合には，どのような課税関係になるであろうか。

この場合，財産評価基本通達に従うと，1株を保有する後継者のみが原則的評価方式により評価され，99株については配当還元価額により評価される。つまり，自社株の全体評価額を限りなく圧縮した上で，後継者が100％の議決権を支配できるという状況を創出できる。ただし，一連の行為による実質的な結果を考えると，形式的に財産評価基本通達を適用することには疑問が生じざるを得ず，財産評価基本通達総則6項（財産評価基本通達の定めによって評価することが著しく不適当と認められる財産の価額は，国税庁長官の指示を受けて評価する旨の定め）の適用可能性も検討するべきであろう。

ロ）　その他（属人的種類株式・信託・株主間契約）

なお，昨今では種類株式と同じような法的効果を得るために，属人的種類株式[39]や信託，株主間契約を活用するケースも出始めている。

属人的種類株式や信託などによった場合，種類株式とは異なり登記事由ではないため，クローズドな状況で事業承継を行いたい場合には適しているのであろう。

ただし，法律上の取扱いが必ずしも明確ではないことから，その有効性に疑義が生じることもあるので，より慎重な検討が必要であろう[40]。

37　品川芳宣編著・野村資産承継研究所編『非上場株式の評価ガイドブック』（ぎょうせい，2017年）251-252頁（小川裕紀・村上裕樹「第3章　種類株式の評価」）。

38　日本公認会計士協会　経営研究調査会研究報告第53号「種類株式の評価事例」（2013年11月）21-24頁。

39　会社法109②。

40　野村資産承継研究所編・品川芳宣編著『資産・事業承継対策の現状と課題』（大蔵財務協会，2016年）398頁（石井亮「第9章　種類株式を活用した事業承継」）。

③ 遺留分の問題

　自社株の分割を検討する上で，遺留分の問題は非常に重要な論点である。な
お，平成30年に民法の大きな改正（「民法及び家事事件手続法の一部を改正す
る法律」（平成30年7月13日公布））があったため，本節においては改正後の民
法について，その遺留分に焦点を当てることとする。また，改正前の民法を旧
民法，改正後の民法を新民法とする。

イ）　遺留分減殺請求から遺留分侵害額請求へ

　遺留分とは，被相続人の一定の近親者に留保された相続財産の一定割合であ
り，被相続人の生前処分又は死因処分によって奪うことのできないものである[41]。

　旧民法では，遺留分を侵害する財産処分は，相続人による取戻し（減殺）の
対象となり，減殺の請求があればその効力は遺留分を侵害する限度で失効した。
そして，旧民法におけるその効力は物権的効力とされていたため，例えば自社
株の相続に際して遺留分が問題となった場合，その自社株について相続人間で
共有状態になり，後継者の会社支配に障害が生じうるという問題があった。

　しかし，新民法において，遺留分権利者は受遺者又は受贈者に対して，遺留
分侵害額に相当する金銭の支払を請求することができることとされ，物権的効
力から債権的効力へと改められた[42]。そのため，従来のような自社株の共有と
いう問題は生じず，遺留分侵害額に相当する金銭請求権の支払を行えば足りる
ことになる（**図表29**）。

41　我妻榮ほか『民法3 親族法・相続法 第三版』（勁草書房，2013年）416頁。
42　新民法1046①。なお，あわせて，遺留分侵害額を支払うための資金が不足するなどの場
　　合には，裁判所に請求し，相当の期限の許与を受けるという規定も設けられている（新民
　　法1047⑤）。

VI　自社株の問題　　89

【図表29】改正による影響イメージ図

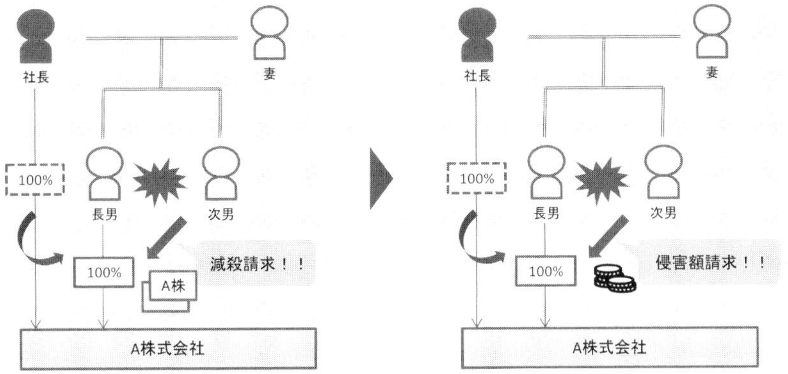

社長　　　妻　　　　　　　　　　社長　　　妻

100%　　　　　　　　　　　　　100%

長男　　次男　　　　　　　　　長男　　次男

100%　　A株　減殺請求！！　　100%　侵害額請求！！

A株式会社　　　　　　　　　　A株式会社

ロ）　遺留分の範囲

　遺留分の算定において，「相続開始前の１年間にしたものに限り」遺留分算定の基礎財産に含められるが（旧民法1030），この点，相続人に対して生前贈与を行い，特別受益（旧民法903）に該当する場合には，その時期を問わず，すべて遺留分減殺請求の対象と解されていた[43]。したがって，相続開始前の相当前の時期に後継者に対して自社株の生前贈与を行った場合にも，その生前贈与が遺留分の算定に組み込まれることになるため，その算定が困難であることや，第三者である受遺者などが受ける遺留分侵害の範囲が大きく変わることになり，法的安定性を害するといった問題があった。

　そのため，今回の改正により，特別受益に該当する贈与について，相続開始前の10年間にされたものに限り，その価額を，遺留分算定の財産の価額に算入されることになった（新民法1044③）。それゆえ，経営者から後継者に対して自社株を計画的に長期間にわたって贈与することで，ある程度，遺留分のリスクが低減するものと考えられる。

───────────────

43　最高裁平成10年３月24日判決・民集52巻２号433頁。

90

ハ） 遺留分対策

具体的に遺留分対策としては，例えば**図表30**に記載した方法が考えられる。

【図表30】遺留分対策及び留意点[44]

NO	遺留分対策の例	留意点
1	遺留分の放棄	・そもそも遺留分を有する相続人が遺留分の事前放棄に応じるとは限らない。 ・遺留分の事前放棄を行っても，その後の事情変更により取り消すことができる。
2	経営承継円滑法[45]の活用 ・除外合意 後継者が先代経営者から贈与により取得した自社株の全部又は一部について，遺留分算定の基礎財産の価額に算入しないという内容の合意 ・固定合意 後継者が先代経営者から贈与により取得した自社株の全部又は一部について，遺留分算定の基礎財産に算入すべき価額を合意の時における価額とする内容の合意	・除外合意や固定合意を検討している時点で将来的な紛争がある程度予想される。その状況で，そもそも除外合意・固定合意ができるのかという問題がある。 ・固定合意における合意の時の価額を算定することが難しい。
3	事前贈与（改正民法） 相続人に対する贈与について，相続開始10年以内の贈与に限り遺留分算定の基礎財産に算入される	・当事者双方が遺留分権利者に損害を加えることを知って贈与した場合は，たとえ相続人に対する贈与が相続開始10年前の日より前にされたものであっても，遺留分侵害額請求の対象になる。

44　品川芳宣編著・野村資産承継研究所著『事業承継対策ガイドブック』（ぎょうせい，2018年）353頁（吉田真也・石毛章浩「遺留分に関する実務上の留意点〜法務と税務の視点から〜」）。

45　中小企業における経営の承継の円滑化に関する法律（平成20年法律第33号）。

特に，今回の民法改正を契機として，計画的に自社株の承継を行うことで，遺留分減殺請求の問題が，従前より事業承継における障害になりにくくなったと思われる。それゆえ，計画的に事業承継対策を立案し，実行することの重要性が益々高まっているといえる。

(3)　安定株主への承継

①　社団法人・財団法人，従業員持株会

移転において検討した外部株主，すなわち社団法人・財団法人，従業員持株会は，その性質上，議決権を積極的に行使するということより，配当を安定的に獲得し，その資金をもってそれぞれの活動を行うことが求められている。

したがって，社団法人・財団法人，従業員持株会は安定株主として機能することが期待される。また，持株状況にもよるが，経営者がそれらの社団法人・財団法人，従業員持株会に自社株を譲渡する場合，特殊な事情がない場合，配当還元価額が時価になると思われる。そのため，発行している自社株全体としての相続税法上の株価が引き下がることなど，副次的な効果も見込まれることが多い。

②　中小企業投資育成株式会社

中小企業投資育成株式会社（以下「投資育成会社」という。）とは，中小企業投資育成株式会社法に基づく民間の株式会社で，東京・大阪・名古屋に存在する。投資育成会社の主な事業は次のとおりである。

> ・　株式，新株予約権，新株予約権付社債の引受けを通じた自己資本の充実
> ・　経営支援，人材紹介，人材育成，異業種交流
> ・　安定株主としての機能の発揮　　　　　　　　　　など

投資育成会社に対して第三者割当や自己株式の処分などを行うことで，安定株主を確保することが可能になる。

なお，投資育成会社にとっては，最終的に投資の回収が問題となる。実務上，投資育成会社の出口戦略をめぐって問題になるケースも存在するため，出資を交渉する際には，出口を見据えたところでその可否を検討することが望ましい。

チェックポイント

☐ 自社株の分割に関する全体像を理解したか？

☐ 議決権の集約と安定株主の確保に係る論点を理解したか？

☐ 遺留分が特に問題になりやすいため，その論点及び対応策を検討しているか？

4 自社株の移転に係る納税

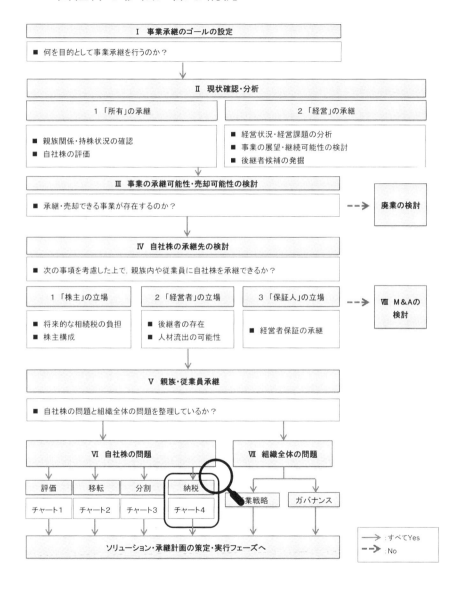

【ここがポイント！】

■ 納税資金の確保は，忘れがちな論点です！

(1) 納税資金準備の重要性

　自社株の評価，移転，分割に関する検討が終了して，課税インパクトを計算し，最後に納税資金を準備する必要がある。特に，税理士の視点からは課税関係の整理や税務申告に目が行きがちで，納税資金の準備について顧客と相談するという視点が抜けやすいこともあり，注意が必要である。

　なお，贈与の場合には，贈与税を納める資金がない状態で実行することは通常ないであろうから，納税資金が問題になることは想定されない（贈与税の納税猶予を適用後に，確定事由の発生という問題はある。）。しかし，相続の場合には，「万が一」がいつ起きるかわからないこともあり，納税資金の確保が重要になる。

　そこで，本書では，相続税における納税資金にフォーカスして説明する（図表31）。

【図表31】 自社株の移転に係る納税

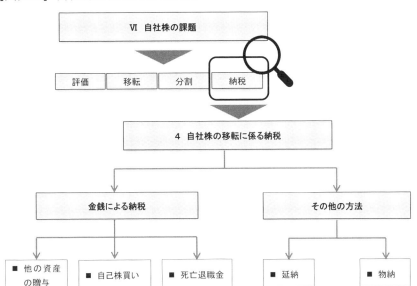

(2) 金銭による納税

相続税の納税は金銭納付が原則である。特に，自社株は流動性が低く，売却による資金化が困難であるため，後述する自己株買いをできない場合には，納税資金を確保することが重要となる。

① 他の流動性資産の贈与

まず，後継者の手元流動性を高めるために，前もって暦年贈与の活用によって，流動性のある資産を後継者に承継させることが考えられる。

ここで，暦年贈与の基礎控除額である110万円を限度額として贈与を実行することが最適解と考える方が多いが，一概にそうとは言い切れない。つまり，110万円を限度として贈与したとしても贈与できる財産の額には限りがあるため，ある程度の税負担を覚悟した上で暦年贈与を行うことが経済合理性に適う

こともある。

　例えば，現時点における経営者の平均余命や家族構成を前提に，現状保有している財産を相続で承継する場合の相続税の負担率よりも，低い贈与税の負担率で承継できるような贈与金額を算出し，これから先に贈与できる金額とそれに係る贈与税額をシミュレーションして，贈与を行うことなどが考えられる。

②　自己株買い（発行会社への譲渡）

　自社株は流動性があまりなく，会社の支配権そのものであるため，売却先の候補が限定される。仮に売却する場合に，まず候補に挙がるのは，自社（発行会社）であろう。

　しかし，自社株を自社に売却する場合，その売却代金のうち，売却株数に対応する自社の資本金等の額を超える部分については，「みなし配当」として所得税における総合課税の対象となる。そのため，そのみなし配当の額が増加するほど，累進税率の適用により税負担が重くなるという問題がある。

　ただし，相続人が一定の要件を満たした場合には，みなし配当の適用部分についても株式譲渡益として課税されるため，所得税の負担税率を抑えることができる（いわゆる，みなし配当の特例[46]）。また，他の財産を相続し，相続税を負担している場合には，いわゆる「相続税額の取得費加算の特例」を併用することができるため，さらに所得税の負担を抑えることができる[47]。

③　保険金と死亡退職金の活用

　経営者の死亡により会社が死亡退職金を支給する場合に，その死亡退職金を保険金で賄うことができれば，会社の財産を守りつつ，後継者（親族）の相続税負担をカバーできる。この場合に，死亡退職金の非課税枠の活用により相続税の負担が一部軽減される点[48]や，従前の保険料支払により会社の法人税の繰

46　措法9の7，措令5の2，措規5の5。
47　措法39，措令25の16，措規18の18。
48　相法3，12，15，相基通3 - 18，3 - 30，3 - 31。

延効果が発生するなど，他にもメリットが存在するため，検討に値するものと考えられる。

(3) その他の方法

① 延　納

相続税の金銭一括納付が困難である場合には，延納という手段がある。

延納とは，相続税額が10万円を超え，金銭で納付することを困難とする事由がある場合に，納税者の申請により，その納付を困難とする金額を限度として，担保を提供することにより，年賦で納付することである。

〈要件〉

- ・　相続税額が10万円を超えること。
- ・　金銭で納付することを困難とする事由があり，かつ，その納付を困難とする金額の範囲内であること。
- ・　延納税額及び利子税の額に相当する担保を提供すること。ただし，延納税額が100万円以下で，かつ，延納期間が3年以下である場合には担保を提供する必要はない。
- ・　延納申請に係る相続税の納期限又は納付すべき日（延納申請期限）までに，延納申請書に担保提供関係書類を添付して税務署長に提出すること。

ただし，金銭一括納付が原則であるため，金銭一括納付ができる状態で，延納という選択肢をとることはできない。また，最終的には税金を納付する必要があるため，資金調達の目途（例えば，前述の自己株買いによる資金調達など）が立つまでのつなぎの手段であることを十分に認識する必要がある。さらに，延納にかかる手続上の手間や利子税の発生なども検討する必要があろう。

② 物　納

相続税については，延納によっても金銭で納付することを困難とする事由がある場合には，納税者の申請により，その納付を困難とする金額を限度として

一定の相続財産による物納が認められている。

〈要件〉

・ 延納によっても金銭で納付することを困難とする事由があり，かつ，その納付を困難とする金額を限度としていること。

・ 物納申請財産は，納付すべき相続税額の課税価格計算の基礎となった相続財産のうち，次に掲げる財産及び順位で，その所在が日本国内にあること。

　　第1順位　不動産，船舶，国債証券，地方債証券，上場株式等

　　第2順位　非上場株式等

　　第3順位　動産

（注）

・ 物納に充てることができる財産は，管理処分不適格財産に該当しないものであること及び物納劣後財産に該当する場合には，他に物納に充てるべき適当な財産がないこと。

・ 物納しようとする相続税の納期限又は納付すべき日（物納申請期限）までに，物納申請書に物納手続関係書類を添付して税務署長に提出すること。

　なお，物納の際にも，延納と同様に手続上の手間などを十分に検討する必要がある。特に非上場株式の物納の場合，場合によっては税務署による発行会社への調査があるなど一定の負担もあり，また，そもそも物納自体がそう簡単に認められる制度ではないため，その制度内容や適用可能性について，事前に十分に検討する必要がある。

チェックポイント

□　納税資金の準備の必要性を理解したか？

□　納税の方法について，その概要を理解したか？

□　安易に延納・物納を検討していないか？

Ⅶ　組織全体の問題

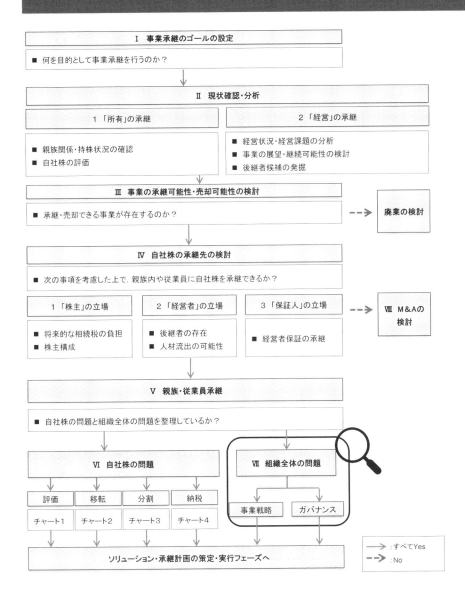

【ここがポイント！】
- 組織全体の問題を整理し，解決してこその事業承継です！

1　組織全体から検討する事業戦略とガバナンス

「Ⅵ　自社株の問題」においては，経営者が保有している自社株の承継について，「評価」「移転」「分割」「納税」の４つの側面から検討した。

しかし，自社株の承継がうまくいったとしても，会社自体がボロボロの状況では，事業承継後に大きな問題が生じる。事業承継前に経営者が解決すべき会社の問題はきちんと解決し，後継者が最適なスタートを切れるようなかたちを作ることが重要である。

まず，重要なことは経営理念・ビジョンの共有であろう。経営者と後継者が経営理念を今一度確認し，会社が目指す方向性について，その考え方・認識を一致させることが重要である。特に，社歴が長い企業は社訓を掲げている場合が多いと思われるため，時代の流れに合わせて再検討することも有意義であろう。

その上で，本章においては，組織全体の観点から事業承継において問題となる事項を整理し，そのソリューションについて整理した。

整理の方法としては，大きく次の視点を軸にする。

> - いかにして将来稼ぐ会社になるのか？（攻めの経営）
> - 会社組織・ガバナンスが強固であるか？（守りの経営）

　なお，自社株の分割（分け方）を検討する際に，経営者一族以外の他の株主の議決権の状況を検討することになるため，必然的にそのフェーズにおいてガバナンスの問題も検討することになる。本書では，自社株の問題と組織全体の問題を切り離して考えているが，実際上は，同時並行的に検討することになる（図表32）。

【図表32】組織全体の問題

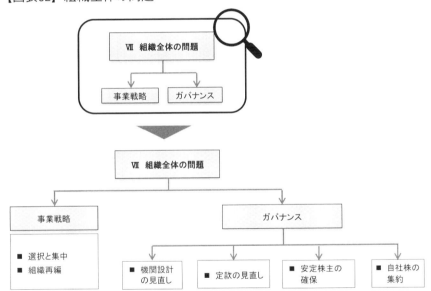

2 いかにして将来稼ぐ会社になるのか？（攻めの経営）

⑴ 選択と集中

「Ⅱ　現状確認・分析」において，通常はさまざまな経営課題が抽出されると思われる。特に，事業承継後に問題となる事象が判明した場合，その戦略の見直しや撤退などを現経営者が行うことで，後継者は事業承継後に，有望な事業の開始や拡大に注力できる。

例えば，不採算部門（子会社）やグループ企業間の戦略の重複などがある場合には，合併・会社分割などの組織再編や事業譲渡などを行うことで，事業の選択と集中を推し進めることが考えられる[49]。

大事なことは，負の遺産を次世代に承継させないことである。

⑵ 事業の展望・持続可能性の検討及び戦略の立案

現状確認・分析を行った後に，事業の将来展望・持続可能性を検討する必要がある。経営分析で最も重要な点は，過去の分析を踏まえた上での将来予測である。

なお，事業の将来展望・持続可能性も広義の意味では現状分析であるが，本章では，現状分析の次のフェーズとして定義する。

過去の財務情報に関する定量的・定性的な分析を行い，今後，どのような分野に経営資源を集中するのかという点を検討することは，会社の持続可能性を検討する上で非常に重要である。そして，経営者は後継者と一緒に，会社の持続可能性を高めるべく，さまざまな議論を行い，事業を引き継ぐことになる。

定性的な分析として，例えば**図表33**のような分析手法がある。横文字が多

49　会社分割と事業譲渡の比較については，「Ⅷ　M&A の検討」参照。
50　前掲注8　18頁などをもとに作成。

【図表33】 主な経営分析の手法[50]

NO	分析手法	概　要
1	SWOT 分析	経済全体のマクロ環境や業界・市場環境の分析を行って，自らが身を置いているマーケットにおける機会と脅威を認識するとともに，何がその業界における成功要因かを検討する。次にマーケットにおける自社と競合他社との関係を分析することにより，自社の強みと弱みを把握する。
2	3C 分析	外部分析として，市場（顧客（Customer））及び競合（Competitor）の分析を行う。さらに，内部分析として，自社（Company）の分析を行う。
3	バリューチェーン分析	事業活動を機能ごとに分解し，どの段階（機能）において付加価値が発生しているかを分析する。主たる事業活動は次のとおりである。 ア　購買物流 イ　製造 ウ　出荷物流 エ　販売・マーケティング オ　サービス
4	VRIO 分析	企業の持つ経営資源を以下の4つの視点から分析し，企業の競争優位性を分析する。 ア　V＝Value（価値）企業の持つ経営資源は価値を有するか。 イ　R＝Rareness（希少性）企業の持つ経営資源に希少性はあるか。 ウ　I＝Imitability（模倣可能性）企業の持つ経営資源は真似されにくいか。 エ　O＝Organization（組織）企業の持つ経営資源を最大限に活かすことができる組織作りができているか否か。
5	PEST 分析	SWOT 分析の外部環境の分析において，政治（Politics），経済（Economics），社会（Society），技術（Technology）の4つの側面から分析する。政治＝法律改正や政権の交代，経済＝景気や株式市場の動向，社会＝文化や人口の推移，技術＝新技術の開発等が，分析対象となる企業にどのような影響を及ぼすかについて分析する。
6	ファイブフォース分析	「新規参入企業の脅威」，「代替品の脅威」，「買い手の交渉力」，「売り手の交渉力」及び「既存企業間の敵対的関係」の5つの視点から，特定の業界の構造分析を行う。

く，初見の方にとっては取り組む際の心理的ハードルが高いかもしれないが，概念としては非常にわかりやすいものばかりである。多くの書籍で取り扱われているため，一度，専門書を手に取られることをおすすめする。

分析手法の使い方・組み合わせ方にはさまざまな考え方があると思われるが，例えば，筆者は**図表34**のように整理して定性的分析を行うことがある。分析手法を結合して分析を行うことで，一つひとつの分析手法について別個に検討するよりも，多くの気づきを得ることができると思われる。

【図表34】分析手法の整理の仕方（一例）

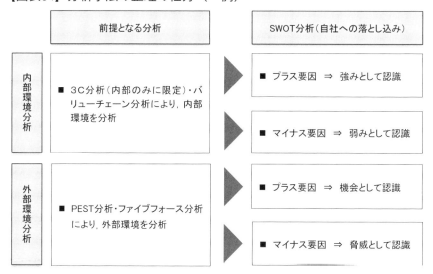

例えば，会社が属するマーケットについてファイブフォース分析を行い，その業界の魅力度を検討した上で，魅力がある，すなわち自社にとってマーケットに参入し続けるメリットがある場合には，「機会（チャンス）」として積極的に投資を行う，といった検討が考えられる。

> 例：
>
> 　ファイブフォース分析の結果，ベトナム市場は競合他社が少なく，自社製品の差別化が図られているため取引先との交渉もスムーズに進む可能性が高い。そして，自社はすでにタイに投資を行っており，東南アジアでの販路も整っている。また，その販路が海外展開における自社の強みである。
>
> 　したがって，ベトナム投資は選択すべき戦略である。
>
> 　そして，Ａ製品の投入を予定しているベトナム市場の年間取引高は●億円であり，そのうち●％のシェアを取ることを目的とする。Ａ製品の粗利率を●％とすると，収益目標としては，●億円の粗利を獲得したい。その上で，固定費・変動費に分解して，損益分岐点分析などを行うと……。

3　会社組織・ガバナンスが強固であるか？（守りの経営）

　事業承継は，自社のガバナンスを改善させる絶好の機会である。特に先代経営者が創業者である場合には，属人的なガバナンス[51]に頼っていることが多いため，システマティックなガバナンスを導入することが求められる。

　まず，機関設計や定款，規程類などの見直しを行い，それらと現状との間に乖離がないかを確認するべきである。乖離がある場合には，実態と機関設計などのルールのどちらに問題があるかを特定し，修正するべきである。例えば，定款上取締役会設置会社とあるが，取締役が２名しかいない状況が長年続いているといったことが，非上場企業ではありがちである。

　また，グループ会社の数が多く各社の状況を把握できていないなど，グループ全体としてのガバナンスに問題がある場合には，持株会社化や合併などによりグループ企業をスリム化し，１社が集中して各子会社を監督できる仕組みを作るなども考えられる。

　では，具体的にそれぞれの内容について整理する。

51　前掲22頁図表５参照。

⑴　機関設計の見直し

　会社のガバナンスを見直す一つの方策として，会社経営に外部の目を入れるということがある。例えば，社外取締役・社外監査役などの役員を，会社外部から招聘することが考えられる。

　また，外部の専門家として，会計参与や会計監査人を設置することで，財務の透明性や信頼性を向上させるといったことも考えられる。ただし，特に会計監査人を設置する場合には，税法会計ではなく，企業会計の基準に従った会計処理が必要となるため，現状の会社の決算書から，その内容が大きく修正される可能性がある。他にも事務コストの増加が懸念されるため，導入の要否は慎重に検討するべきである。

⑵　定款の見直し

　定款によって，自社株が分散しないような仕組みを構築することが基本的事項として重要である。例えば，一般的には次のような事項を定款に記載することが考えられる（**図表35**）。

【図表35】定款を活用した自社株分散の防止

	項　目	内　容
1	株式譲渡制限の定め	株式の譲渡をするためには，取締役会又は株主総会の承認を必要とする。
2	株式売渡請求の定め	相続などにより株式を取得した者に対し，会社がその株式の売渡を請求し，取得することができる。
3	種類株式の導入	「Ⅵ 自社株の問題」「3 自社株の分割」参照。

①　株式譲渡制限の定め（非公開会社であること）

　ほとんどの中小企業においては，株式の譲渡制限が定款に規定されていると思われる。そのため，この点が実務において問題になることは少ない。

②　株式売渡請求の定め

　定款で株式譲渡制限規定を設けていても，相続の場合の株式の承継については，その承継を制限することができない。その場合に，定款に株式売渡請求の定めを記載することで，相続によって株式を取得した相続人から株式を強制的に取得できることが認められている。

　なお，株式売渡請求の定めを置く場合には，次の2点が実務上問題になるため，留意が必要である。

イ）　価格の問題

　買取価格に折合いがつかない場合には，最終的に裁判所によって価格が決定される。裁判所の決定する価格は，税法上の時価によるわけではなく，ケース・バイ・ケースで算定方法が異なるため，予測可能性に乏しいという問題点がある（**図表36**）。

　通常は公認会計士がその評価を担当することになるため，いわゆる株式価値評価理論に従って，類似会社比準法（いわゆるマルチプル法）や収益還元法，ディスカウント・キャッシュ・フロー法などの方法を採用することがある。この場合，税務上の時価と大幅な乖離が生じる場合もあるため，注意が必要である。

108

【図表36】会社法における評価額[52]

(譲渡制限株式の売買価格決定申立事件)

No	決定日	対象株式	評価方式				備　考
			純資産	収益還元	配当還元	その他	
1	京都地決昭62.5.18	11%	40%(簿価)	20%	20%	20%(類似業種)	指定買受人は，対象株式の取得により，22.1%の株式を保有
2	青森地決昭62.6.3	16%	100%(時価)	—	—	—	
3	福岡高決昭63.1.21	3.3%	—	—	○	○	配当還元価額を類似会社の配当性向との比較により修正
4	東京高決昭63.12.12	30%	70%(時価)	30%	—	▲30%(市場性欠如)	資産保有目的の色彩の濃い会社
5	大阪高決平元.3.28	0.06%〜0.26%			100%(ゴードンモデル)	—	支配的持株数を有する大株主が存在しない
6	東京高決平元.5.23	2.85%3.3%	20%(簿価)	20%	60%	—	代表者一族が80%以上の株式を保有する同族会社
7	東京高決平2.6.15	0.16%	30%(時価)	—	70%	—	代表者家族の持株比率は約20%
8	千葉地決平3.9.26	10%	50%(時価)	—	50%	—	役員報酬を配当金の変形とみなした上で，配当還元方式により算定
9	札幌地決平16.4.12	6.56%	25%(時価)	50%	25%		
10	東京地決平20.3.14	合計44%	—	100%(DCF)	—		営業譲渡の反対株主による株式買取請求
11	東京高決平20.4.4	40%	—	100%	—		ベンチャー企業

Ⅶ　組織全体の問題　　109

【参考】損害賠償請求事件（株主代表訴訟を含む）

No	判決日	発行又は取得株式	評価方式				備　考
			純資産	収益還元	配当還元	その他	
1	東京地判平4.9.1	62.5%（※）	100%（時価）	—	—	▲70%（市場性欠如）	不公正な価額による新株発行で損害を被った既存株主が取締役を被告として提起した損害賠償請求事件
2	大阪高判平11.6.17	20%（※）	33%（時価）	—	—	66%（類似業種）	違法な新株発行によって損害を被った既存株主が取締役を被告として提起した損害賠償請求事件
3	大阪地判平15.3.5	3%	66%（時価）	33%	—	—	違法な自己株式の取得により会社に生じた損害に関する代表訴訟

※　割合は，新株発行後の発行済株式総数に対する発行株式数の割合である。

【参考】不公正な価額による新株発行に係る差止仮処分申立事件

No	決定日	発行株式	評価方式				備　考
			純資産	収益還元	配当還元	その他	
1	東京地決平6.3.28	16.6%（※）	—	—	100%（ゴードンモデル）	—	不公正な価額による新株発行であることを理由とする差止仮処分申立事件

※　割合は，新株発行後の発行済株式総数に対する発行株式数の割合である。

52　中小企業庁「経営承継法における非上場株式等評価ガイドライン」（2009年2月）をもとに作成。当該ガイドラインは，経営承継円滑化法における固定合意に係る「合意の時における価額（弁護士，弁護士法人，公認会計士（公認会計士法第16条の2第5項に規定する外国公認会計士を含む。），監査法人，税理士又は税理士法人がその時における相当な価額として証明したものに限る。）」を算定する際の指針である。

ロ) いわゆる相続クーデターの問題

売渡請求を受けた相続人は，その株主総会において議決権を行使することができない[53]。そのため，例えば後継者と対立している他の株主がいる場合に，その株主の議決権によっては，売渡請求が決議され，後継者の株式が強制的に取り上げられてしまう可能性がある（**図表37**）。

したがって，株主の性質を見極めた上で，定款の見直しの可否を検討するべきである。また，もともと，現状の定款に当該規定が設けられている可能性があるため，事業承継を検討する中で，定款を確認し，必要に応じてその規定の削除を検討することも重要である。

なお，自社株の売渡請求は相続などの一般承継を対象としているため，例えば先代経営者が事前に贈与することや，遺贈（特定承継）などの場合には適用がない。したがって，このような問題の回避策としては，贈与や遺贈によることが考えられる。

【図表37】相続クーデターのイメージ図

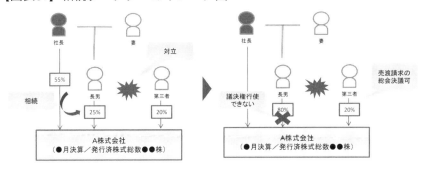

(3) 安定株主の確保

安定株主の確保は，会社支配という点から，そしてオーナー一族の自社株移転に伴う税負担を軽減するという点からも重要である。前述したように，種類

---

53 会社法175②。

株式の導入による議決権の切分け（主として配当請求権や残余財産分配請求権などの自益権のみを保有する株主の獲得），及び会社経営にあまり口を挟まない外部株主（社団法人・財団法人・従業員持株会・投資育成会社など）の活用が考えられる。

(4) 自社株の集約

自社株の集約には大きく2つの方法が存在する。その方法とは，①任意取得と②強制取得である（**図表38**）。

【図表38】自社株の集約方法

取得方法	内　　容
①任意取得	経営者による取得（個人間交渉）
	会社による自己株式の取得
	従業員持株会等の安定的な外部株主による取得
②強制取得	相続人等に対する売渡請求
	特別支配株主の株式等売渡請求
	株式併合
	全部取得条項付株式の活用
	株式交換

特に，強制取得により少数株主から株式を強制的に買い上げ，少数株主を排除することは，スクイーズアウトと呼ばれる。社歴が長い企業ほど自社株が分散している傾向があり，集約化するにあたって個別の交渉をしても収拾がつかない場合には，スクイーズアウトにより株式を集約することになる。

その場合，スクイーズアウトにより，現金支出を伴いながら強制的に少数株主を排除することができるため，より迅速に議決権の集約化を図ることができる。

ただし，スクイーズアウトを実行する際には，税務・法務両面からの検討に

加えて，当事者同士に無用な争いが生じないような事前の根回しなど，実務上検討するべき論点が多く存在する。さらに，非公開会社におけるスクイーズアウトにはその法的なリスクも指摘されている[54]。

そのため，当事者が憎しみ合っている，連絡をとることができない，などといった状況は除いて，まずは当事者同士で売買価格の交渉を行い，税務上の時価などを参考に穏便に売買交渉を行うことが望ましいであろう。

チェックポイント

- ☐ 事業戦略とガバナンスの両面を検討したか？
- ☐ 事業戦略の構築に係るイメージを持っているか？
- ☐ 事業戦略における負の遺産の整理は，現経営者のタスクであることを理解したか？
- ☐ ガバナンスの整備におけるさまざまな論点や留意点を理解したか？

54　江頭憲治郎『株式会社法〔第7版〕』（有斐閣，2017年）160頁。

Ⅷ M&Aの検討[55]

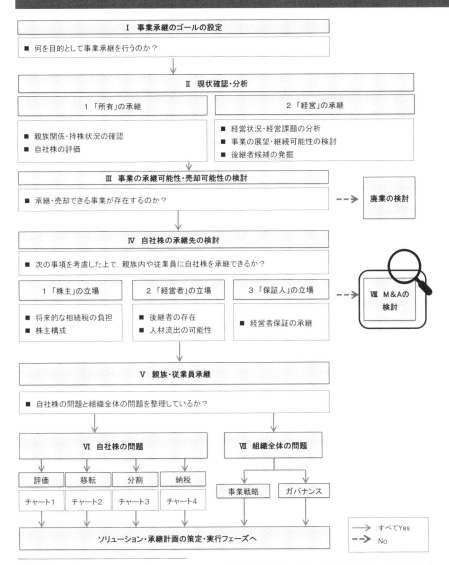

55 拙稿「「事業承継の出口」としてのM&A」『税務弘報』66巻12号（2018年） 8-15頁をもとに作成。

【ここがポイント！】
- M&Aの基本的な流れを理解した上で，各STEPにおけるポイントや留意事項を押さえましょう！

1 M&A検討におけるポイント・留意事項（概論）

本書の最後に，M&Aについてそのポイントや留意事項を整理する。

M&Aの検討において重要なことは，M&A全体の基本的な流れを理解した上で，それぞれの手続におけるポイントや留意事項を事前に認識することである。

本書では，M&Aのうち，もっとも一般的な手法である株式譲渡を前提として，売り手におけるM&Aの基本的な手続及び顧問税理士としての留意事項をまとめた（図表39）。

以下，図表39の流れに従って検討する。なお，本章の目的はM&Aの全体像を整理することであるため，各論（会計・税務，デュー・デリジェンスなど）の検討は行わない。

(1) STEP0：フローチャート（全体像）の検討

まず，前提として，事業承継の全体像を検討し，M&Aが最善の選択肢であると判断される状況になってはじめて，M&Aの検討に入る。

VIII M&A の検討 115

【図表39】売り手の M&A プロセスとポイント（概論）

各STEP	STEPの内容	顧問税理士が検討すべきポイント
STEP0	**フローチャート（全体像）の検討** ■ 顧問先が事業承継を検討するにあたって，M&Aが適切か否かの検討	☐ 事業承継におけるM&Aの位置づけを理解し，顧問先と議論したか？
STEP1-1（※）	**社内管理の見直し** ■ 会計（管理会計含む）・税務・法務・人事労務上の問題点の把握・解消	☐ 左記の問題点を認識している場合には，その解消に努めたか？ ☐ 適切な事業計画を策定できるか？
STEP1-2（※）	**FA（フィナンシャル・アドバイザー）との交渉** ■ FAに自社の状況を説明 ■ 譲渡条件や譲渡価格の協議	☐ 譲渡条件（スキーム）や価格の決定における会計・税務の論点を理解しているか？
STEP2	**買い手との面談及び基本合意** ■ 譲渡条件や譲渡価格の協議 ■ 基本合意書の締結	☐ STEP1-2と同様 ☐ 基本合意書の内容を確認したか？
STEP3	**買い手による買収調査** ■ 買い手によるデュー・デリジェンス（DD）の実施	☐ DDに適切に対応できるか？
STEP4	**最終契約締結（クロージング）** ■ DDの結果に基づき，最終条件を決定 ■ 最終契約書を締結し，株式の譲渡を実行	☐ 提示された条件・価格に問題がある場合，適切な対応がとれたか？ ☐ 最終契約書の内容を確認したか？
STEP5	**経営の引継ぎ** ■ 新経営陣への経営の引継ぎ ■ 個人保証の解消	☐ 役員退職金を支給する場合の税務上の論点を理解しているか？ ☐ 個人の所得税へのインパクトをシミュレーションしているか？

(注) 一般的な手法である株式譲渡を前提としている。
　　　また，売り手のアクションプランを想定しているため，買い手やFAのアクションプランは割愛している。
※　実務上，STEP1-1と1-2は同時に実施する。

(2) STEP1-1：社内管理の見直し

　M&A の検討段階に入ってから最初に行うことは，社内管理の見直しである（実務的には，後述する STEP1-2と同時に実施する。）。

例えば，適切な人事労務規程がなく，社長の采配でなんとなく社員の給料や賞与，退職金，労働時間などが決められている場合，M&A後に買い手が従業員の処遇について苦慮することが予想されるため，M&Aの交渉においてマイナスの要因となる。また，中小企業の場合，社長が会社に敷地を貸していることや会社との間に資金の貸借があることが少なくない。このような社長個人の資産・負債と会社の資産・負債の整理も重要である。

他にも，図表40のような問題はM&Aのマイナス材料となるため，事前に調査し，必要に応じて改善する必要がある。それらの問題を放置することで譲渡条件や価格決定の際に大幅な譲歩を迫られたり，場合によっては交渉そのものが破談となる可能性がある。

【図表40】一般的に想定される問題点

会計・税務	●適切な決算を実施できていない。 ●簿外リスクが高い（保証債務，不良資産など）。 ●税務リスクが高い（レビュテーションリスクを含む）。
法　務	●訴訟を抱えている，又は，潜在的な訴訟リスクがある。 ●適切に免許や許認可を取得（更新）していない。
人事労務	●給与規程，退職金規程などがなく，社長の采配で金額が決まっている。 ●残業問題や長時間労働などの労働問題を抱えている。
社長の個人資産	●社長の個人資産・負債と会社の資産・負債とが適切に整理できていない。

特に，買い手が上場企業（グループ）である場合には，内部統制を含んだ社内体制の構築が非常に重要になる。管理体制が不十分と認定されると，買取リスクが高いと判断される分，譲渡価格の引き下げ圧力が高まることになる。

なお，後述するデュー・デリジェンスによって，買い手が売り手のリスク要因を調査するため，いずれにせよ売り手が抱えている問題点は明らかになることが多い。したがって，M&Aの交渉前に売り手が事前に自社の状況を検討し，改善することによって，その後のプロセスがスムーズに進行すると思われる。

⑶ STEP１－２：FA（フィナンシャル・アドバイザー）との交渉

　実務上，売り手が相対で買い手を探すことや交渉することには困難を伴うため，一般的には，取引金融機関や独立系のM&A専門会社などのFAに，マッチングから手続の実行，買い手との交渉までを委託することが多い。そのため，売り手は，まずは適切なFAを選定することから始め，M&Aにおける希望譲渡条件などについてFAと交渉することになる。

　なお，最近は，国や地方自治体が事業承継を積極的に支援しており，各地方自治体や商工会議所などにおいてもM&Aのマッチングを進めている。そのため，管轄の地方自治体のホームページをチェックして，担当部署に電話することで，情報を得ることが有用であろう。あわせて，M&Aに限らず，事業承継に関連する補助金も整備されているため，補助金に関する情報も収集することで，顧客に付加価値を提供できると思われる。

　以下，一般的な例として，FAにM&Aの手続を委託した場合を前提に，検討を進める。

① 譲渡条件の決定

　FAが買い手とのマッチングや交渉を行う前に，売り手は，売り手の希望する譲渡条件（スキーム）や譲渡価格について，FAと合意する必要がある。

　スキームとしては，株式譲渡，事業譲渡がベースになるが，他に合併，株式交換などの組織再編による場合もある。

　顧問税理士は，顧問先がどのようにして事業を第三者に承継させたいかという点をきちんと理解した上で，M&Aの手法とそのメリット・デメリットを検討し，FAと議論する必要がある。

　本章は総論的な検討を目的としているため，スキームのそれぞれについては言及しないが，例えば株式譲渡と事業譲渡を比較すると，次のようなメリット・デメリットが考えられる（**図表41**）。特に，株式譲渡によった場合の最大の問題点は，対象会社の状況（売り手の抱える財務・税務・法務リスク）如何

で，買い手が承継するリスクが大きくなる可能性がある，ということである。

【図表41】株式譲渡と事業譲渡の主なメリット・デメリット

	メリット	デメリット
株式譲渡	●手続が比較的簡単である。 ●債権者保護手続，従業員，免許・許認可などの承継の手続が不要である。 ●個人が株式譲渡対価を取得できる(※)。	●簿外債務を引き継ぐ可能性がある。 ●そのため，売り手の説明範囲・責任も重くなる。 ●必要のない事業も承継する。
事業譲渡	●通常，簿外債務を引き継ぐリスクがない。 ●必要な事業を承継できる。	●個々の契約・資産の承継手続が煩雑である（契約の締結，債権者保護手続など）。 ●従業員，免許・許認可などの承継の手続が必要である。

※　税負担などを検討して，有利・不利を検討する必要がある。

② 　譲渡価格の決定

　M&Aにおいては，株式評価（バリュエーション）の理解が重要である。

　通常，非上場企業の株式を売買するときは，M&Aなどの第三者との取引を除いて，税務上の時価をもとに価格を決定することが多いと思われる。すなわち，第三者間の取引でない場合には価格決定に恣意性が介入し，いわゆる時価と売買価格との間に乖離が生じる可能性がある。そして，その乖離は，所得税・法人税・贈与税などの課税リスクに直結するため，結果的に取引は税務上の時価を基準にすることになる。

　しかしながら，M&Aの実務において使用される株式価値の評価方法は，税務上の時価の評価方法とは異なることが一般的である。そのため，顧問税理士はバリュエーションの基本的な理論を理解することで，FAと同じ土俵で議論をすることができるであろう。

　なお，後述するが，買い手側がデュー・デリジェンスを実施した後に最終の

VIII M&Aの検討　**119**

交渉価格を評価する際にも，その価格は税務上の評価方法ではなく，ファイナンス理論をベースにすることが少なくない。この点，買い手との交渉の際に，買い手の考え方を理解して議論するためにも，バリュエーションの基礎的な知識を持つことは有用である。

　参考までに，バリュエーションの実務において使用されることが多い評価手法を示すと，次のとおりである（**図表42**）。

【図表42】評価アプローチと評価法[56]

評価アプローチ	評価法
インカム・アプローチ	フリー・キャッシュ・フロー法 調整現在価値法 残余利益法 その他 　配当還元法 　利益還元法（収益還元法）
マーケット・アプローチ	市場株価法 類似上場会社法（倍率法，乗数法） 類似取引法 取引事例法（取引事例価額法）
ネットアセット・アプローチ	簿価純資産法 時価純資産法（修正簿価純資産法） その他

　評価アプローチをどのように組み合わせるかは，買い手や売り手の属性，状況によるため，ケース・バイ・ケースである。ただし，多くのケースにおいて，売り手の業績の将来見通しは重視されると思われる。そのため，売り手がきちんとした事業計画を策定し，その事業計画に基づいて譲渡価格を評価している場合，交渉において，売り手の主張に一定の合理性が認められることが期待さ

56　日本公認会計士協会　経営研究調査会研究報告第32号「企業価値評価ガイドライン」（2013年7月改正）27頁。

れる。

したがって，STEP 1 - 1 における社内管理の見直しの際には，事業計画を会社が策定できるか否かという点も重要になる。

なお，取引価格がさほど大きくない，いわゆるスモール M&A の場合には，「純資産額＋営業利益×2～3年」といった簡便的な評価を行うことも実務上は多い。

⑷　STEP 2：買い手との面談及び基本合意

買い手との面談においては，スキームの概要，買収予定金額，今後の手続（デュー・デリジェンスなど）について打ち合わせを行い，基本合意書を締結する。基本合意書は法的な拘束力を持たないが，その後の方向性を決める書面であり，非常に重要なものである。基本合意書を問題なく締結するためにも，STEP 1 の手続が重要になる。

⑸　STEP 3：買い手による買収調査

デュー・デリジェンスは，基本的に，次の 3 つから構成されることが多い。

- ・　財務デュー・デリジェンス（簡便的な事業デュー・デリジェンスを含む）
- ・　税務デュー・デリジェンス
- ・　法務デュー・デリジェンス

特に，財務デュー・デリジェンスは価格算定に直接的に影響するため，顧問税理士が財務デュー・デリジェンスの知識（多くは，税法ではなく会計基準に従った実態貸借対照表への修正）をひと通り理解していると，買い手の買収調査がスムーズに進行すると思われる。

なお，会計基準（代表的には引当金，偶発債務や固定資産の減損などの見積項目）を織り込むか否かで，企業の決算書の財務内容が大きく異なる可能性がある。そのため，STEP 1 - 1 において，顧問税理士は会計基準ベースで簡便

的に貸借対照表を修正した上で，顧問先と打ち合わせて，譲渡価格の算定に織り込むことが望ましい。

(6)　STEP4：最終契約締結（クロージング）

デュー・デリジェンス後に，最終契約締結に向けて売り手と買い手で交渉を行う。デュー・デリジェンスの過程で問題が検出された場合，売り手がその問題を解消できるのか否か，解消できない場合には，譲渡条件や価格にリスク要因を織り込んだ上で，買い手がその問題を許容できるのか，といったことが重要な問題になる。そのため，顧問税理士は，最終契約に向けて，顧問先が一つひとつ問題を解消するために協力する必要がある。

また，最終契約の内容が税務に与える影響も検討する必要がある（例えば，表明保証条項が税務に与える影響など）。

(7)　STEP5：経営の引継ぎ

M&Aの場合には，通常，売り手の代表者は経営から退くが，その際に役員退職金を支給することがある。

この場合，役員退職金の支給額を引き上げると会社の純資産が減少することになるため，株式譲渡による受取額は引き下がるといった，トレードオフの関係が生じることがある。そのため，役員退職金の支給額と株式譲渡による受取額の多寡に応じた税務上の有利・不利をシミュレーションすることが望ましい。また，その際，役員退職金の税務上の適正額も検討する必要がある。

なお，状況によっては，売り手の社長が引継ぎのために会社に留まる可能性もある。このとき，役員退職金を支給する場合には，分掌変更に伴う役員退職金の論点にも注意する必要がある。

チェックポイント
☐　M&Aの手順を理解したか？
☐　各手順において，さまざまな留意点があることを理解したか？

《コラム　M&Aと仲人》

　筆者は，実務で財務デュー・デリジェンス（通称，財務DD）を行うことがあるが，その際，特に買い手が上場企業，売り手が中小企業である場合に，その温度差が問題となることを何度か経験した。

　すなわち，買い手が上場企業である場合には，そのディールについて株主に対する説明責任が生じるし，担当者（多くは経営企画部や財務・経理部の方）は役員や監査法人に対する説明責任が生じる。それゆえ，説明義務を果たすために，財務DDも念入りに行う必要があり，当然，筆者のような公認会計士はその要請に対応する必要がある。

　しかし，売り手の中小企業はそのような事情を知らず，突如として大量の依頼資料リストが届くと，面食らってしまうことが多い。また，会計士が財務DDを実行していく中で，当然追加の資料依頼や質問が増えていくが，売り手の担当者は，税務調査を除いて，さまざまな資料依頼などへの対応にさほど慣れていないことから，対応が困難になるという状況が生じてしまう。そして，売り手がさじを投げてしまうと，ディールそのものが破談になってしまう。

　では，どのようにしてそのような最悪の事態を回避するのか？　この点，フィナンシャル・アドバイザー（FA）の力量がディールの成否に重要な影響を及ぼすことが多い。特にFAが，適宜進捗状況を確認し，先回りできると，ディールがスムーズに進行し，交渉がスムーズにいくケースが多いように思える。

　ちょうどそのような話を仲間の会計士にしたとき，「FAって，結局，結婚式の仲人みたいだよね」という話題になったことを，いまだに鮮明に記憶している。仲人の歴史とは，ものの本によると古墳時代まで遡ることができ，歴史ある日本文化であるといえるらしい。ということは，日本人は仲人の気質を多少なりとも持っているのではないのであろうか。

　ひと昔前まで，M&Aは中小企業に無縁なものであったが，今では身近なものになりつつある。そして，仲人の歴史と日本人の性質をひもとくと，日本人の多くは潜在的にFAの素質を持っているはずである。それゆえ，今後M&Aの増加に合わせて，よりよいFAがますます増え，さらにM&Aが流行すると予想できる。これは，筆者の考えすぎであろうか。（おそらく，考えすぎであろう。）

【参考】

　後継者不足などにより，M&A の活用が今後の事業承継におけるキーワードの１つとなっている。そのような状況で，国などが事業承継型 M&A を推進するための各種施策[57]を講じているため，参考に紹介したい。

(1)　事業承継ネットワーク

　事業承継ネットワークとは，中小企業庁が，商工会議所・商工会，金融機関，士業等の専門家の協力のもと，経営者に「事業承継診断」を受けることを働きかけ，診断結果から掘り起こされた経営者のニーズに応じて，事業承継計画の作成や，専門家の派遣により，個別の課題解決を図る取組みである。

(2)　事業引継ぎ支援センター

　事業引継ぎ支援センターとは，経済産業省から各都道府県に委託された，事業の引継ぎに関するさまざまな課題解決を支援する公的窓口のことである。原則として無料で，中小企業・小規模事業者のマッチングを支援している。

　具体的には，事業の売り手・買い手からの相談を通じて，事業の引継ぎに向けた支援の可否の検討（１次対応），金融機関や仲介業者等の登録機関への取次ぎ（２次対応），登録機関でマッチングできない場合や，すでにマッチング相手が決まっている場合は，士業等の専門家を活用してマッチングする（３次対応）という３段構成での対応を行っている[58]。

(3)　事業承継補助金

　事業承継補助金とは，事業承継を契機として経営革新や事業転換などを行う

57　拙稿「事業承継における M&A の位置づけと最近の動向」『季刊野村資産承継』15号（2019年）14頁をもとに作成。

58　松井拓郎「事業承継の集中支援について」『会計・監査ジャーナル』32巻12号（2018年）52頁。

中小企業者に対して，当該経営革新等に要する経費の一部を補助するための補助金である。「後継者承継支援型（経営者交代タイプ）」と「事業再編・事業統合支援型（M&A タイプ）」の2つから構成されている。特に M&A タイプについては，組織再編（合併・事業譲渡等）を通じて事業承継を行った場合に対象となり，M&A を積極的に後押しすることが期待されている。

⑷　経営力向上計画制度の改正

2018年7月に中小企業等経営強化法が改正されたことにより，他の中小企業者から事業を引き継いだ場合の取組みについて，経営力向上計画に記載することが可能となった。当該計画について認定を受けることにより，固定資産税の軽減などの支援措置を受けることができる。

⑸　日本税理士会連合会によるマッチングサイトの開設

2018年10月より，日本税理士会連合会が主体となって，顧問税理士が関与先企業の窓口となって引継先を探すためのマッチングサイト「担い手探しナビ」がスタートした。当該サイトでは，①関与先企業の承諾を得て譲渡・譲受案件を登録する，②掲載されている案件から関与先企業の引継先を探索する，③関与先企業の引継先として気になった案件に対して，案件を掲載した税理士に問い合わせし，メッセージでやりとりする，という3点を主な機能としている。

【著者紹介】

石毛　章浩（いしげ　あきひろ）

公認会計士・税理士

2007年早稲田大学政治経済学部経済学科卒業，09年早稲田大学大学院会計研究科修了。06年に公認会計士試験合格後，大学院に通いながら新日本有限責任監査法人（現 EY 新日本有限責任監査法人）に非常勤職員として入所。その後，税理士法人プライスウォーターハウスクーパース（現 PwC 税理士法人），㈱野村資産承継研究所を経て独立開業。

別冊税務弘報

税理士のための事業承継フローチャート

2019年6月10日　第1版第1刷発行

著　者	石　毛　章　浩	
発行者	山　本　　継	
発行所	㈱中　央　経　済　社	
発売元	㈱中央経済グループ パブリッシング	

〒101-0051　東京都千代田区神田神保町1-31-2
電　話 03（3293）3371（編集代表）
　　　 03（3293）3381（営業代表）
http://www.chuokeizai.co.jp/
印刷／堀内印刷所㈱
製本／㈲井上製本所

Ⓒ 2019
Printed in Japan

頁の「欠落」や「順序違い」などがありましたらお取り替えいたしますので発売元までご送付ください。（送料小社負担）
ISBN978-4-502-30741-6　C3034

JCOPY〈出版者著作権管理機構委託出版物〉本書を無断で複写複製（コピー）することは、著作権法上の例外を除き、禁じられています。本書をコピーされる場合は事前に出版者著作権管理機構（JCOPY）の許諾を受けてください。
JCOPY〈http://www.jcopy.or.jp　eメール：info@jcopy.or.jp〉

定評ある中央経済社の税法規通達集

平成30年7月1日現在 　5,616円
所得税法規集
日本税理士会連合会 編
中央経済社

❶所得税法　❷同法施行令　❸同法施行規則　❹同法関係告示　❺租税特別措置法(抄)　❻同法施行令(抄)❼同法施行規則(抄)　❽震災特例法令(抄)　❾復興財源確保法(抄)　❿復興特別所得税に関する政令・同省令　⓫災害減免法(抄)　⓬同法施行令(抄)　⓭国外送金等調書提出法　⓮同法施行令・施行規則・関係告示

平成30年12月25日現在 　4,536円
所得税取扱通達集
日本税理士会連合会 編
中央経済社

❶所得税法関係通達(基本通達／個別通達)　❷租税特別措置法関係通達　❸国外送金等調書提出法関係通達❹災害減免法関係通達　❺東日本大震災臨時特例法関係通達❻索引

平成30年7月1日現在 　5,616円
法人税法規集
日本税理士会連合会 編
中央経済社

❶法人税法　❷同法施行令　❸同法施行規則(抄)　❹耐用年数省令　❺法人税法関係告示　❻租税特別措置法(抄)　❼同法施行令(抄)　❽同法施行規則(抄)　❾同法関係告示　❿震災特例法令(抄)　⓫復興財源確保法(抄)⓬復興特別法人税に関する政令・同省令　⓭租税特別措置の適用状況の透明化等に関する法律・施行令・施行規則

平成30年12月25日現在 　4,752円
法人税取扱通達集
日本税理士会連合会 編
中央経済社

❶法人税法関係通達(基本通達／個別通達)　❷租税特別措置法関係通達(法人税編)　❸連結納税基本通達　❹租税特別措置法関係通達(連結納税編)　❺耐用年数関係省令・通達　❻機械装置の細目と個別年数　❼耐用年数に関する取扱通達　❽震災特例法関係通達　❾復興特別法人税関係通達　❿索引

平成30年8月1日現在 　4,104円
相続税法規通達集
日本税理士会連合会 編
中央経済社

❶相続税法　❷同施行令・施行規則・関係告示　❸土地評価審議会令　❹相続税法基本通達　❺財産評価基本通達　❻相続税法関係個別通達　❼租税特別措置法(抄)　❽同施行令・施行規則(抄)　❾同法関係告示　❿租税特別措置法(相続税法の特例)関係通達　⓫震災特例法令(抄)　⓬同法関係告示・通達　⓭国外送金等調書提出法　⓮災害減免法・施行例(抄)　⓯民法(抄)

令和元年5月7日現在 　3,024円
国税通則・徴収法規集
日本税理士会連合会 編
中央経済社

❶国税通則法　❷同法施行令　❸同法施行規則　❹国税徴収法　❺同法施行令　❻同法施行規則　❼滞納処分と強制執行等との手続の調整に関する法律・政令・規則　❽税理士法　❾行政手続法　❿行政不服審査法(抄)　⓫行政事件訴訟法　⓬麻薬特例法(抄)

平成30年8月1日現在 　3,240円
消費税法規通達集
日本税理士会連合会 編
中央経済社

❶消費税法　❷同施行令・施行規則・告示　❸消費税法基本通達　❹消費税申告書様式等　❺消費税関係取扱通達等　❻租税特別措置法令(抄)　❼震災特例法令(抄)❽同関係告示・通達　❾税制改革法　❿地方税法令(地方消費税)　⓫所得・法人税法政省令(抄)　⓬輸徴法令・告示　⓭関税法令(抄)　⓮関税定率法令(抄)

平成28年7月1日現在 　2,160円
登録免許税・印紙税法規集
日本税理士会連合会 編
中央経済社

❶登録免許税法　❷同施行令・同施行規則　❸租税特別措置法・同施行令・同施行規則(抄)　❹震災特例法・同施行令・同施行規則(抄)　❺印紙税法　❻同施行令・同施行規則　❼印紙税法基本通達　❽租税特別措置法・同施行令・同施行規則(抄)　❾印紙税一覧表　❿震災特例法・同施行令・同施行規則(抄)　⓫震災特例法関係通達等

▶価格は定価(税込)です。

中央経済社